推开语文之门

语文教育小论

谭旭东 著

文心出版社
·郑州·

图书在版编目(CIP)数据

推开语文之门:语文教育小论 / 谭旭东著 . —郑州 : 文心出版社,2024.1
ISBN 978-7-5510-2916-2

Ⅰ.①推… Ⅱ.①谭… Ⅲ.①语文课 – 教学研究 – 中小学 Ⅳ.① G633.302

中国版本图书馆 CIP 数据核字(2024)第 001137 号

出版社:文心出版社
(地址:郑州市郑东新区祥盛街 27 号　邮编:450016)
发行单位:全国新华书店
承印单位:河南新华印刷集团有限公司
开本:890 毫米 ×1240 毫米　1/32
印张:8
字数:150 千字
版次:2024 年 1 月第 1 版　　印次:2024 年 1 月第 1 次印刷
书号:ISBN 978-7-5510-2916-2　　定价:45.80 元

如发现印、装质量问题　请与印刷厂联系　电话:0371-65957865

自　　序

语文教育直接影响青少年的文化成长和精神成长，事关国家和民族的未来，关注语文教育，理解语文教育，思考语文教育，为语文教育多做一些具体的工作，是非常有意义的。

十多年来，我在研究儿童文学和童书出版之余，开始关注语文教育，应邀担任语文教育国培专家，在上百所中小学做语文教育和儿童读写讲座，还指导几家语文名师工作室，积累了不少经验。

我认真研读了多个版本的语文教材，对人教版教材尤其熟悉，给研究生开设了语文教材教法课程，培养了多名教育硕士，并把他们输送到上海、江苏、广东等地的中小学任教。在多家报刊发表了一些谈语文教育教学、传统文化阅读的文章，也发表了一些语文教育时评文章。

> 推开语文之门：
> 语文教育小论

我对语文教育教学的看法和观点，都来自我的研究及热忱参与语文教育的实践。语文教育实践，使我的研究贴近现实，也切合语文教学的需要。我的语文教育实践有五个方面：第一，2011年起我担任北师大附属学校平台的顾问，经常参加各地北师大附属学校的教研活动。2015年起，担任新成立的几所北师大附属学校的顾问和理事，指导学校的建设。有时候，也应邀给语文老师做一些关于语文教育的讲座，给小学生做关于阅读与写作的讲座，还不时进课堂给小学生讲语文课。第二，应北师大国内合作办学部的邀请，担任儿童阅读研究中心主任，儿童戏剧教育研究中心专家，京师家长学堂专家，励耘书院首席讲师，还担任了"中国儿童阅读提升计划"项目首席专家。为了做好项目，我组建了由文学教育专家、语文课程专家、儿童阅读专家、家庭教育专家和儿童文学作家组成的专家团队，主编了"中国儿童阅读提升计划"丛书，由光明日报出版社出版；指导一线语文教师编写了各种语文课和阅读课教案；还走进广州、福清、洛阳、克拉玛依、长春、常州和重庆等地区，开展"中国儿童阅读提升计划"项目活动，全方位指导实验学校的语文教育教学，帮助实验学校打造校园阅读文化，取得了很好的成效，也积累了多方面的经验,进一步提高了对语文教育的认识。第三,一边研究语文教材,一边以民间语文教育专家和儿童文学作家的身份,出席各种语文教研活动,做各种讲座。第四,多次给中小学校长培训班做讲座,并参与一些国培计划,形成了体系性的对语文教育的思考。第五,2018年调入上海大学之后,担任语文教育研究中心主任及上海大学基础教育集团顾问,带领上海大学附属小学"敏思文体"教学团队,开展语文教育新探索,为上海大学多所附属学校培养师资。同时,应邀给深圳和长三角一带多所小学做语文教学和作文教学的讲座。这些实践活动也迫使我研究儿童教育问题和语文教育问题,努力丰富自己的知识,提高自己的指导能力。

2017年,时任海豚出版社社长俞晓群先生出版了我的《语文教育小论》,是精装本,收集了我对语文教育教学和教材的思考文字,有的是感想,有的是序言,有的是即时发言,融入了我对语文教育的热情、对基础教育的关注、对儿童成长的期待。从文艺理论批评,到儿童文学研究,再到儿童阅读和语文教育研究,这十多年我实现了几次华丽的转身,虽然有些辛苦,但很快乐。我曾对一些校长开玩笑说:"我是来语文界打酱油的。"不过,虽然不能说专业，且有些话说得太直了，也不一定符合一线老师的心愿，但我的态度的确是真诚的，至少对现象的批评和对问题的指摘是对事不对人的。我相信用心去追求，用真诚去言说，总会赢得信任的。

2023年暑假前，我在微信朋友圈晒了《作文小论》，并希望出一个修订版，得到了时任文心出版社总编辑余德旺先生的青睐。于是，我及时修订、补充了篇目，编成了《人人会写作：作文小论》。余总编很重视我的书稿，让该社副总编栗军芬担任责编。后来，我和余总编说，我也想修订和补充一下《语文教育小论》，使之变成一册新著，与《人人会写作：作文小论》构成姊妹篇。余总编非常支持，栗军芬副总编也热烈欢迎。于是，我认真翻检了近五年写的一些语文教育教学的论文和短篇，在《语文教育小论》的基础上，整理出了《推开语文之门：语文教育小论》这本书稿。

语文包括三个层面：社会语文、家庭语文和学校语文。通常我们所说的语文教育主要指的是学校语文教育。学校语文非常重要，尤其在小学阶段，语文课可以说是各科之母。一所学校的语文教学没搞好，会影响整个学校的教育教学质量。语文也是母语文化传承的关键，学校里的语文

自　序

课对那些缺乏家庭阅读环境的学生来说，可以说是至关重要的。如果孩子不爱学语文，读写能力培养不起来，就谈不上母语文化的传承了。因此，语文教育有着不可忽视的文化战略地位，语文教师的素养不可忽视。

之前的《语文教育小论》和《作文小论》都有延续民国时期大家写小书传统的意图，这次修改和补充过的《人人会写作：作文小论》和《推开语文之门：语文教育小论》也是继续沿着大家写小书的思路前进的。

需要说明的是，收进此书的篇什，有的是短论，有的是卷首语，还有的是序言或论文。感谢刊发这些篇什的报刊和编辑老师，也感谢一直支持我的各地语文教育界的同人！希望这册书能对一线语文教师和热爱语文教育的人士有所启发，有所帮助。

语文教育非常重要，语文教师也最辛苦。在此向所有为语文教育付出心血的师友表达我的敬意！

2023年初秋于上海大学

目 录

第一辑　语文教育小论

语文教育有两个抓手……………………………… 2
语文教育文化价值错位…………………………… 6
语文教育不能忽视的几个问题…………………… 10
儿童文学与语文教育的关联……………………… 14

第二辑　语文教学小论

语文学习三步……………………………………… 20
语文课的几个概念的思考………………………… 23
文体教学是语文教学的重点……………………… 27
教师如何提高儿童文学素养……………………… 31
我对语文课和阅读课的理解……………………… 36
谈谈语文教学、阅读课与课本剧………………… 44
对传统文化阅读与教学的思考…………………… 48
以"中国儿童阅读提升计划"
　　引领语文教与学……………………………… 52
阅读是各学科教与学的基础……………………… 59
如何理解并做好整本书阅读……………………… 64
阅读课该怎样上…………………………………… 69
谈谈统编版小学语文教材的教与学………………75

第三辑　儿童诗教小论

语文教育改革是新诗教育关键…………… 84
如何进行小学诗教 …………………… 88
让儿童感受诗教的力量………………… 98
儿童诗教是语文教育的有机组成部分……… 102
领略意象美，诗教的第一个入口 ………… 106

第四辑　作文教学小论

理解作文的三个关键词………………… 112
理解作文的三个层面…………………… 115
如何理解并实施创意作文教学…………… 120
谈高考作文的重要性…………………… 128
如何培养学生讲故事的能力……………… 133
故事写作课的上法 ……………………… 141
作文如何培养创新思维………………… 145
重新认识读与写………………………… 148

第五辑　与语文教师对话

走在追梦的路上………………………… 152
让语文课和阅读课生动迷人起来………… 156
让诗教的种子爆出新芽………………… 160

如何学习古诗词……………………165
让作文贴近生活……………………168
肯定学生的创造力…………………170
让童话张扬孩子想象力……………173
作文要一步一个脚印………………175
让作文画出梦想，写出希望………178
小作者可以变成大作家……………181

第六辑　语文杂谈

高考状元不必热炒…………………184
故事是有力量的……………………186
孩子一定要进名校吗………………189
"双减"后教育更要走正道…………191
过美好的教育生活…………………194
幼儿园教师读什么书………………197
教师阅读的意义……………………201
教师阅读如何展开…………………203
创造性教育呼唤强师………………205
如何做智慧教师……………………207
几句语文小语………………………211

附录　与语文教育相关的问答

多给孩子读纯文字的书
　　——答《南方教育时报》记者韩宝问·········216
虚心向孩子学习
　　——答《宁波日报》记者采访···············226
爱，点亮了阅读之路
　　——记"中国儿童阅读提升计划"
　　　　首席专家谭旭东·····················232
一书在手，作文必通
　　——读谭旭东的《作文课：
　　　　让创意改变作文》·····················237

第一辑
CHAPTER 1

语文教育小论

推开语文之门：
语文教育小论

语文教育有两个抓手

去中学做讲座，一般来说，学校会请我讲一讲怎么教作文。我一般会对学校负责人说："能不能让我看一下你们的课堂？或者你们准备两节作文课，我也给学生讲一次作文？"但这等于给学校出了难题，因为要准备一堂正式的作文课，对语文老师是一个挑战，校长要找一个敢上作文公开课的老师也不容易。为什么？因为作文课很难上，而且目前从小学到中学，语文界没有形成关于作文教学的共识和一套可操作且有效的方法。全国的小学和中学作文课，基本上都是各学校的语文老师自己琢磨着上的。不少老师会按照区县教研员的思路去设计作文课，或者按照中考作文或高考作文的出题方式与评价标准去设计作文课。

我曾对语文老师说，一个爱写作的学生，他的语文不会太差，而且会写作的学生，他的语言理解能力自然会提高。他有文字组装的技巧，只要老师稍微展示一下文体特点，给他一些示范性的作品，他就能迅速掌握这种作文的写法。所以中学语文老师一定要鼓励学生写作，尤其要鼓励学生课外进行自觉的写作训练。当然，学校也要多组织文学社、诗社活动，激发学生的文学兴趣，为那些对文学和写作有兴趣的学生提供表现的平台和机会。我读中学时，学校语文师资整体并不好，但我的语文学得不错，而且考试成绩也挺好的，就是因为我爱写。当时，我积极给校刊投稿，也受到了语文老师的鼓励，推荐我的习作在校刊上发表，至今仍是一种温馨的回忆。很多人简单地认为，阅读就是吸收，写作就是输出。没有吸收，就没有输出。这种观点有一定的道理，但不太准确，也有点空洞，让学生很难理解什么是阅读，什么是写作。

我曾给学生讲过这么一个故事：有一个深秋，我发现单位里的园林工在砍伐校园里的一排大槐树。园林工很卖力，把大槐树的树枝全砍掉了，每棵只剩一个矮矮的大树墩。我对园林工说："你们不能这么砍树，应该给每棵树留一两个小树枝，不然的话，明年开春，这些大树墩发不出芽，大槐树会死掉的。"果然，第二年春天，这一排大槐树几乎都没发新芽，全都枯死了。其实，如果留一两个小树枝，等到春天就会发芽，大槐树就会继续长新枝的。可惜，园林工没听进我的劝告。如果把语文学习比作大槐树的生长的话，那写作就是树枝，而每一次写作就好像树枝在发新芽。阅读就似大槐树的根，每次阅读好比是根须在吸收营养与水分。但如果只阅读，没有写作，是不可能生成动力机制的。因此，阅读和写作是相辅相成的，而不是简单的"先有阅读，后有写作"。在小学、中学阶段，我们倡导语文课上的写作，主要是一种习作教学，即按照记叙文、议论文和说明文等模版、格式来作文。这些格式化的写作，并非是完全压抑人的天性和创作力的，也是可以形成语文的动力的。当然，这需要语文老师真正理解语文，真正懂得如何以格式化的作文来激发学生的创作力，即在固定模式下，也可以实现创新能力培养的目标。

因此，语文教育教学一定要抓好阅读和写作，这是语文老师的两个抓手。抓阅读，不能仅仅抓所谓的"精讲精练"，那样只是强化阅读理解题的解题技巧。做阅读理解题，不是真正意义上的阅读，是阅读测试。语文老师要以课文为桥梁，搭建一个文学空间、阅读空间，让学生从课文延展到经典的世界里去。不能总在课文解读上转圈，更不能围着考试题目转圈。写作，不能只是写考试作文，而是由作文到写作，让学生抒发自己的性情，比较充分地享受文字创造的快乐。

如果在语文老师引导下，学生享受到了阅读和写作的乐趣，语文教育教学就有了底蕴，就有了保障。抓好阅读和写作，把阅读和写作的主动权尽可能地还给学生，语文教育的基本问题就解决了。

语文教育文化价值错位

鲁迅作品退出新版语文教材,引发了很多争论。有些是过度的解读,并不了解实际情况就说了过分之辞。如,有媒体认为鲁迅作品被完全驱逐出了教材。事实上,初中语文教材里一直有鲁迅作品,只是占的比例越来越小。

针对这一现象,有人认为,鲁迅作品的退出,寓示着当代社会的思想混乱仍需漫长的沉淀才能形成新的价值观;也有人认为《风筝》是鲁迅四十岁以后写的,不太适合孩子阅读。可惜,大多没有展开来谈语文教材选文的问题,只是谈了自己对鲁迅作品的看法。其实,无论是小学语文教材,还是初中语文教材,乃至高中语文教材,选文一直是有问题的。比如说,小学语文教材大多数课文有所改编,可能会影响原文的语言纯正性和审美性。

但就整体情况看,语文教材的根本问题,不是是否删除了鲁迅作品,而是语文教育文化价值的错位。语文,不但包含语言、文字和文学三个部分,还蕴含着把学生从只会口头表达提升到会书面写作的教育逻辑。无论是学习语言、文字,还是领悟文学,学会写作,都要通过阅读和欣赏来完成,而且语文学习到最高阶段,就是要学会创造语言世界,尤其要学会创造一个富有个性审美内涵的文学世界。过去,我们总在强调语文的工具性和人文性。所谓"工具性",就是学语文要识字,把识字、组词和交际能力当作最基本的教学目标。因此,无论小学语文,还是中学语文,都把课文以字、词、句、段拆开来学习,导致语文学习丢失了整体审美性,丢失了欣赏所带来的审美愉悦。语文考试,考的都是解词造句、语法修辞,阅读理解题目都是有标准答案的。而且不少语文教师把阅读能力的提高,简单地依赖于做阅读理解题,而真正意义上的阅读和欣赏恰恰是"一千个人有一千个哈姆雷特"。

其实,语文的要义,就是要引领孩子进入母语世界,学会阅读和写作,同时,享受文字阅读和创作的快乐。因此,语文教材的编写要坚持三个基本原则:

一是要坚持审美性。语文是一个人最初进入的文字世界,因此一定要把优美的朴素的纯正的文字呈现给学生。

如果语文教材的文字不优美、不朴素，只是起到认字的作用，只是枯燥乏味的文字组合，那么最初的文字认知就会刻板化，学生对语言的魅力就会认识不足。

二是要选原作。现在语文教材普遍把作品改编后放进教材里。这会出现几个问题：改编者水平难道比作家还高？如果原文很美，何必要修改和压缩？原文不好，也就没必要改编了。中国文学几千年，难道还挑不出几十篇适合进教材的作品？另外，改编原作，对原作者也不尊敬，而且是对语文教学的简单化认知。语文教学不就是要从原文里找到最值得欣赏和学习的语言文学知识，品味文学作品里独特的思想情感吗？选取原文，正好可以让学生了解不同时代的语言风格的演变。

三是要坚持按文体分类来编排语文课文。现在的语文课文，都是按照主题思想来设定单元的。选编者在确定的主题下选文，就像在固定的框子里填东西一样。比如说，七年级语文教材上册就设置了六个单元，外加一个课外古诗词背诵的专题。这六个单元中以四季、科学、亲情和想象等为主题。这种按主题思想来选课文、来讲课文的方式，会让老师和学生重视文章的思想性，从而接受思想教育，但忽视了学习语文的一个基本目的，那就是学习和掌握文体知识。其实，文体的创造力是语文学习的一个关键。科学的教材编写，应该是按照文体来分单元，而且每个单元都介绍一些相关的文体知识，那么，通过学校语文教育，老师和学生就会掌握文体创作的要诀。如果语文教材长期以主题为单元编写教材，又按主题来教学，就会造成很多学生学了多年语文，不知道诗歌、散文为何物，连基本的文体知识都不明白。很多语文老师反映诗歌难教，其实，单纯挖掘诗歌里的思想性，诗歌就没法教也没法学。如果从文体知识入手，从诗歌的独特性、审美性入手，老师教起来好教，而且学生也容易领悟诗歌的思想情感和内涵。按照文体单元来编写语文教材，还有一个好处，就是能把语文课和作文课连接起来了。

因为删除了鲁迅的作品，媒体和大众把对语文教材的批评对准了语文教材的编写。语文教材编写的思维不变，母语意识和母语文化的传承便无从谈起。现在很多中小学生不爱学语文，甚至很讨厌语文教材和语文课，不是学生的问题，而是教材编写的问题，也是语文教学模式的问题。中国学生不爱学语文，这本身就是很可悲的事情；中国学生对自己的母语学习没兴趣，就是语文教育的价值错位。

语文教育不能忽视的几个问题

当前语文教育存在很多问题，很多家长对学校的语文教育不满意，媒体上经常会出现一些批评文章或报道，让语文教育界颇感压力。那么，语文教育到底存在哪些具体问题呢？根据对语文教材和语文教育其他环节的一些观察与思考，我认为主要有以下几个方面：

一、把语文教育等同于语文课教学。语文教育是一个大概念，就学校语文教育来说，它应该包括语文课程教学、作文教学、阅读课及课外阅读的指导等几个部分，还应包括语文教学的评价环节。然而，现在不少语文老师简单地把语文教育等同于语文课教学，靠一本教材和一本教师参考书来教语文，这是远远不够的。学生语文能力的培养、母语意识的提高，不能单靠语文课。如果没有大量的阅读，尤其是课外阅读，阅读理解能力和写作能力是难以保证的。现在有人提出"大语文"的概念，我是比较赞成的。但什么是"大语文"，是否包括家庭语文和社会语文？我觉得，"大语文"至少包含了传统语文，以及在传统语文基础上更重视学生综合语文知识和实践能力培养的语文。

二、以为语文课教学能解决学生的语文能力。语文能力包括几个方面：第一，口头表达能力，这一点主要靠学前形成。如果一个学生到了小学才开始学会基本的口头表达，那他的语文底子就太单薄了。第二，要有一定的识字量，这也是最基本的要求，因为不识字或识字量不够大，其他无从谈起。第三，要能理解字、词、句的组装并具备基本的组装能力，即造句和写话的能力。这也是初步的演讲、阅读和写作的能力。第四，要有欣赏能力，即能够欣赏优秀的文学作品，并且能够整体把握文学作品的内涵。第五，要有写作能力，即学生要掌握语文教材里出现的各类文体知识，并能够写出各类文章。但语文能力最核心的是阅读和写作能力，且写作能力是最能衡量一个人的语文水平的。让每一个学生能读善写，并且能够从阅读和写作中获得美感享受，获得创造的快乐，才是语文教育真正的教学目标。

三、语文课和作文课两张皮。翻开语文教材，就会发现，语文课文都是文学文体，包括儿歌、现代诗、散文、小品文、童话、小说、寓言、古诗词等多种文体，但作文课基本以记叙文、议论文和说明文三种文体写作为主。很显然，语文课呈现给学生的文体形式和作文课要求学生写的文体形式不一致，造成语文课和作文课两张皮。科学的安排，应该是语文课和作文课有机结合，紧密衔接，互相促进。所以，我认为，作文教学应指导和鼓励学生按照语文教材里出现的文体来写作，即尝试写作儿歌、新诗、散文、小说、童话、寓言等文体，从而培养学生的写作兴趣，更好地张扬学生的想象力和创造力。

四、单靠课文阅读不能解决学生的阅读能力。阅读能力主要是一种整体把握能力，即通过读整篇文章或整本书，把握其中的要义，感受其意境，领悟其思想，并受到启发。特别是读整本书，最能提高学生的阅读能力。

五、语文考试应该改革。现在小学语文的测试和正式考试，主要是看拼音写词语、判断读音、按要求改句子、按课文填空、近义词、反义词和阅读理解，再就是作文。这些题型的设计，都是零碎的，只是为了考试而考试。

总而言之，不能简单地处理语文教育出现的一些问题，更不能简单地估算语文教育的价值。语文教育是教育的根基之一。学生母语学不好，没兴趣，甚至厌倦母语，文化的传承就无从谈起，其他学习也会受到很大的局限。

儿童文学与语文教育的关联

近年,研究儿童文学与语文教育之间关联的人越来越多。儿童文学与语文教育的确有着密切的关联。具体来说,有以下几个方面:

一、儿童文学是语文教育的优质资源

现在的小学语文教材大量选用我国现当代儿童文学作家的作品,还有一部分外国儿童文学作品,就是因为儿童文学是一种优质资源。儿童文学之所以能成为小学语文教材的优质资源,大体有四个原因:首先,我国现当代涌现出叶圣陶、丰子恺、冰心、张天翼、郭风、金波等一大批优秀儿童文学作家,他们的作品哺育了几代读者,有些作品家喻户晓,很受孩子们欢迎。其次,儿童文学作品更有童年生活情趣,更贴近孩子的心灵,符合儿童的心理,也更能激发起孩子的审美情趣，张扬孩子的想象力，选入教材是比较合适的。再次，儿童文学作品中的儿童诗、散文和童话，更有儿童语言的特点，也适合做语文教材，在儿童语言启蒙方面有着不可替代的作用和价值。最后，我国现代语文教材编写和出版有选用儿童文学作品的传统，如五四时期商务印书馆和开明出版社出版的国语教材，都是以儿童文学为主。众人皆知的叶圣陶编的开明国语课本就是一个典型案例。叶圣陶编文，丰子恺配画，成就了儿童文学与语文教育紧密结合的一段佳话。

二、儿童文学教育是语文教育的有机内涵

语文教育的内涵是比较宽泛的，但我的理解，大致可以包括语言知识教育、审美能力的培养、文化熏陶和思想情感的熏陶。其中，语言知识教育是目前语文教育的重点，它又包括教给儿童基本的修辞，让儿童掌握一定的读写能力。因此，解词、造句和作文，就是最基本的语言能力。审美能力的培养也是语文教育的一个重点。文化熏陶和思想情感的熏陶是在潜移默化中完成的，是和语言能力培育联系在一起的。儿童文学教育主要是通过儿童文学阅读来完成的，小学语文教材中有相当一部

分是儿童文学作品，因此语文教学必然要涉及儿童文学教育，但儿童文学教育更多的是靠课外阅读支撑的，它是语文教育的一个重要补充。

三、儿童文学教育不能等同于儿童的文学教育

从专业的层面来看，儿童文学教育是以儿童文学作品为资料，对孩子进行文学教育，因此儿童文学教育的内容主要是以讲授儿童文学基本原理，介绍儿童文学文体知识，分析儿童文学作品为主的。儿童的文学教育，是以经典文学作品为材料来对孩子进行教育，它比儿童文学教育面更广，层次更深一些。目前，国内儿童文学界大力呼吁要对小学生进行儿童文学教育，主要是因为他们对儿童文学有感情，也觉得儿童文学是最适合孩子心理特点的。但我个人的意见，小学生的文学阅读，采用儿童文学固然很好，但也不要否定其他文学作品的价值。比如说，古代文学作品，尤其是唐诗、宋词对孩子的吸引力，已经是被证明了的。还有中外文学名著，对孩子的吸引力也是足以肯定的，而且对孩子的审美和精神提升力更强。此外，在初中阶段，孩子更愿意阅读名著了，他们对儿童文学的兴趣已经比较淡了，因此，儿童文学的教育是儿童的文学教育的一部分，

不要过分夸大儿童文学教育的作用，更不要因为夸大儿童文学而否定其他文学作品的价值。

四、语文教材儿童文学化的思考

语文教材"儿童文学化"，是儿童文学业界人士的一个观点，他们认为儿童文学符合儿童接受心理，是"浅语艺术"，是最适合做语文教材的，因此他们呼吁语文教材要大量收编儿童文学作品，使教材"儿童文学化"。他们认为"儿童文学化"就是"儿童化"，是一种语文教育的儿童本位主义。这种观点，我开始也很支持，但现在想来，还是有些片面。首先,他们理解的语文教材"儿童文学化"，就等于把语文教材变成了儿童文学读本，类似于玩具和零食一样的东西。事实上，在儿童成长过程中，不吃零食，不玩玩具，也是可以的。过分强调语文教材儿童化，其实等于过分强调孩子只吃儿童食品。其次，和其他经典的文学作品相比，儿童文学在社会内涵和情感召唤力方面，有其自身的局限。最后，语文教材儿童文学化束缚了语文教材的编写和教学。从语言和文学这两个层面来看，教材应该涉及更多的面，应该体现更精彩的文学世界，因此单纯以儿童文学入教材，就等于缩小了教材的面。这是不利于语文教育健康发展的。

因此,在强调儿童文学和语文教育关联的同时,也要从语文教育的角度多多思考儿童文学本身的优点和局限。不能因为儿童文学很适合儿童阅读,就认为它可以替代语文课本,应该正确对待语文教材中儿童文学作品的选编,让儿童文学在语文教育中发挥独特优势的同时,也拓宽语文教材编写的涵盖面。

第二辑
CHAPTER 2

语文教学小论

语文学习三步

很多孩子觉得语文学习很难，家长也觉得很难辅导。有些语文教师找不到语文学习的最佳方案，在教学时也只能按照常规的做法，讲课文，布置作业，测试。其实，语文看起来很难，但也有一些基本的章法和步骤。

我觉得语文学习大致有三步：一是阅读，二是思考，三是训练（练习和写作）。

阅读是语文学习的第一步。阅读包括课内阅读和课外阅读，既要读懂课文，还要多读课外书和一些合适的报刊，读得多了，有一定的阅读量，才会积累起足够的识字量和词汇量，建立起对一些作品的基本认识，培养对美的语言的感受和感应，树立起对优美的有趣的文字世界的认识和判断。因此，阅读是一个基础，是语文的基础，也是所有学校课程和专业学习的基础。没有阅读，其他学习都谈不上。叶圣陶认为，语文的主要目标和任务是阅读和写作，课内阅读是为课外阅读打基础，语文课要培养学生对课外阅读的兴趣和能力。

思考是语文学习的第二步。读了课文，读了课外书，有一些语言积累了，也有一些体验和认识了，就要有思考。所谓思考，包括两方面：一是概括和总结，就是在阅读课文和其他作品之后，对所学习的知识内容进行概括和总结。如，读了一些诗，可以概括对诗的认识，总结出诗的一些特点。读了一些童话，可以概括出童话的基本特点，总结出读童话的经验，提炼一些独特的美的感受和认识。读了一些古文，概括出古文的语法，找到句式规律，总结古文的词句和篇章特点。二是提炼和抽象。这是在概括和总结的基础上，对所读的材料的提炼和抽象，并形成自己的判断和见解。概括和总结，是对所读作品内容的有序整理；提炼和抽象是在理解作品的基础上，形成自己的看法和观点。提炼出来的东西，一般是所读作品中精华的、核心的情感和思想，抽象出来的是自己更高的认识和思考，是受到启示、启发之后形成的思想，包括创意的思维。

语文学习从阅读到思考，就是从基础阶段到了提高阶段，相当于迈开了大的步子，爬到了一个高处。但到了思考这一步还不够，因为要把阅读和思考获得的知识和思想化为己有，还要到第三步：训练，也就是练习和写作。特别是要去写。写呀，写呀，不断地写，就很容易把阅读和思考所获得的语言知识、文体认识、审美思考转化为自己的语言来陈述，来表达，来倾诉，来呼唤。读了优秀作品，如果不去动笔写，写一些感受，写一些想法，就很难把认识到的、思考过的积淀下来，形成有逻辑、有层次的文字。训练，尤其是写作训练，不仅是语言表达的训练，还是思想表达的训练，更是有逻辑、有层次地表达的训练。一个人的思考是有层次的，通过写作训练，才能把不同层次的思想表达出来，并使自己的思想越来越深邃，境界越来越高。

有的人喜爱阅读，读了不少书，上语文课也很认真，却学不好语文，而且作文水平也不高，一个重要的原因，就是读了很多，却很少思考，没去概括和总结，也没提炼认识，抽象出道理，加上缺乏训练，很少动笔去写，于是，语文学习只到了第一步或第二步就停下了，到不了第三步。一句话，学好语文，阅读、思考和训练，一步都不能少，而且每一步都要走得扎实、稳健。

语文课的几个概念的思考

目前有四种语文课很流行,即读写结合课、主题阅读课、群文阅读课和全学科阅读课。根据我的了解,这四种语文课都是以阅读为核心的,从动机上看,可以肯定。

学校开展课内阅读与课外阅读相结合,是符合学生语文学习需要的。但课内阅读与课外阅读怎么结合呢?课内阅读,就是学完现有课文,再补充一些与课文有关的文本学习,让学生在课堂里学到更多的美文,领悟更多的语文知识。课外阅读,就是在语文课之外,推荐和补充一些阅读文章或一些课外书籍。但课内阅读与课外阅读结合时,一些语文老师只是补充一些心灵鸡汤式的短文或名篇,或是增加一些强化阅读训练,认为这样就可以提高学生的语文学习能力和阅读能力。但从实践来看,这种方法只是做到了"面",而没有抓住根本。

推开语文之门：
语文教育小论

读写结合课。参加多场语文教研活动，我发现好几堂公开课都是读写结合课。语文课的教学目标当然是培养学生的读写能力，即学生要能读善写。因此读写结合课可以说是紧扣了语文教学目标的，但一堂语文课一般是40分钟。40分钟，既要让学生读文章，还要让学生写作训练。在时间分配上来说，是很难把握的。读写结合课，一般语文老师是这样上的：要么准备几首短诗，先给学生讲读，然后留出时间，让学生仿写；要么准备一两篇散文或童话，先给学生讲读，然后留出时间，让学生仿写。读写结合课，40分钟，要读，要理解，还要写，目标任务太重，而且模式化很强，特别是仿写部分，做多了，很容易让学生产生厌倦感。

主题阅读课。主题阅读课一般是语文老师把相同主题的文章放在一起，来做一堂阅读课。有些语文教师也会把与课文主题相同的文字罗列到课堂上，与课文一起讲读，让学生围绕一个主题来感受课文，从而达到深化课文学习与理解的目的。但主题阅读课有一个问题：如果只看重主题，只在意文章的内涵，而忽视形式的感受与理解，语文课也会变样。因为主题阅读课只能强化学生对内涵的理解与记忆，却无法让学生感受文字之美。

群文阅读课。群文阅读也比较流行，但实质与主题阅读是一样的。语文老师组织文本群时，是依据特定的主题的。比如，讲鲁迅的《故乡》时，有些语文老师会把几篇故乡主题的作品收集在一起，也有些语文老师会把与鲁迅有关的散文组织在一起。我听过两堂群文阅读课，老师是把与课文相关的文章罗列在一起，有些"乱炖"的感受。

全学科阅读课。就是把语文变成一个可以涵盖历史、地理、科学、生物等学科知识的阅读课。这是目前比较流行的一种阅读课型。

我个人觉得，真正的语文课，不是所谓的"大语文课"，不是所谓的"主题挖掘"，更不是全学科的学习。语文课不可能承担起全学科学习的重任，没有必要也取代不了其他学科知识的学习。语文课就是语文课，语文课的目标要简单、清晰，而不是故弄玄虚。因此，我认为：

第一，语文课要回到文本。儿歌、现代诗、古诗词、散文、小说、童话、寓言、小品文，等等，它们是不同文体，就得讲出不同文体的特点，让学生了解不同文体，从而感悟形式，学会形式的创造。同时，老师要把美的课文之美讲出来，让学生对美的文体形成概念。至于思想内涵，其实并不需要语文老师讲很多。

第二，让语文课的目标更准确。每个学段的语文目标都有侧重。比如，小学低年级识字、拼音、写话等是重要内容。到了中年级，组词、造句，写简单作文，就是一个重要目标。到了高年级，就要锻炼学生整本书的阅读能力，也要培养学生写400字以上的日记等。而到了初中，阅读和分析名篇名著，就是一个重要目标，同时，还要把作文教学提高一个台阶。

第三，语文课一定是母语学习课。语文课应该回到国语的位置。不提倡国语，不让学生形成国语的概念，就会把母语意识丢了。但提国语课，就意味着课文要修订，而且要大量修订，要把现代白话文的最精粹的篇章编进教材。同时，语文课要以学习母语为内容，而培养对母语的感受力、创造力就是主要目标。

总之，语文课要改变，要解决实效问题。语文课不生动活泼，不具有审美召唤，也就很难达到精神召唤的效果。记住，在语文学习中，知识学习是在审美召唤与情感熏陶之后，自然发生的。

文体教学是语文教学的重点

近几年,语文教育出现了很多新的概念,比如"大单元教学""整本书阅读""大语文课""跨学科教学""语文课核心素养培养"等。其实,它们都不是新概念,也不是真正意义上的概念,而只是一些名词而已。以"大单元教学"为例,语文教材的课文都是按照一个一个单元来编排的,"大单元"只是一个教学单位,或者说一个短期的或阶段性的教学内容的组合而已,这个名词完全是描述性的,既不属于认识论,也不属于方法论。

所谓认识论,就是理解语文的理论和观念,认识论是语文教育教学的本体理论。有认识论,方法论才有意义。而方法论,就是语文教育教学的具体技巧和方法,这些方法通常来说直接可以指导语文教学,使教学有实效,且能快速提高语文老师的课堂教学能力。语文的认识论包括对语文是什么、语文教育是什么、语文教学是什么、作文是什么、阅读和写作有何区别与关联、语文和文学有何区别等基本问题的思考。而语文的方法论则包括语文课本使用方法、语文课堂教学法、课文阅读方法、书籍阅读方法、文本分析法、作文教学法和作文法、语文测试与评价方法等。应该说，语文教育教学应该紧紧围绕育人这个总体目标，结合语文课程的特点来进行语文教学。

  那语文教学具体来做什么，语文老师需要从哪些具体问题入手，来实现高质量的课堂教学？我觉得抓好课文教学是重点，也就是说，文体教学是语文教学的重点，不从文体教学出发是很难真正理解课文的。这是语文教材的内容和特点决定的。每一个单元里有三四篇课文，有诗歌、散文、童话等文体作品。不会教课文，课文的内容和内涵不能被学生理解，那语文课程学习的基本要求就没达到。统编版语文教材的课文包含儿歌、儿童诗、散文、散文诗、童话、小说、成语故事、寓言、神话、民间故事、古文、古诗等基本文体，还有小品文、科普文、主题文等形式。打一个比方，如果语文课本是一个菜谱，那一篇课文就是菜谱里具体的一道菜。如果学习语文是吃大餐，那语文老师就要把菜单里所有的菜炒好给学生吃。

因此，文体教学就是一个重要问题，也是语文教育教学质量提升的一个抓手。

正是在这种对语文教学和教材的理解下，在上海大学基础教育处领导李志芳、肖青峰等人的支持下，上海大学附属小学组建了"敏思"文体教学工作坊，开展小学语文文体教学的新探索。这个工作坊由周骏青副校长负责，我有幸担任指导专家和语文教育顾问。"敏思"文体教学团队分别举办了十多场童话、儿童诗、古诗词等文体的教学研讨，还组织教师进行人文素养提升的培训。在这一过程中，朱燕校长和周骏青副校长大力支持，定期组织教学研讨和示范课活动，全体语文教师积极参与，还带动宝山区的兄弟学校教师参与，取得了很好的实效。值得肯定的是，"敏思"文体教学团队受到上海大学各附属学校语文同行的关注和好评，也引起了宝山区同行的关注。2023年上半年，上海大学语文教育研究中心举办了"新时代语文教学的思考"论坛，"敏思"文体教学团队骨干成员参加并发言，效果很好，影响很大。

在大家的齐心努力下，上海大学附属小学"敏思"文体教学团队有了一些好的成果。教案选就是一个成果，收集了12位语文教师精心设计的课案，涉及儿歌、寓言、童话、散文、神话、古诗词等内容。这些课案充分展示了"敏思"文体教学团队在教育教学过程中勤勉的态度、专业的精神和对语文教育的投入,也说明了上海大学附属小学在语文教育教学改革和推进人文素质教育方面有了很大的进步,且取得了良好的成效。

  走进上海大学附属小学,走进"敏思"文体教学团队的每一个语文课堂,我能深刻感受到教师对课程建设的用心和对优质课堂的投入。相信上海大学附属小学"敏思"文体教学工作坊还会取得更好的成绩,赢得学生的喜爱和同行的赞叹。我也期待"敏思"文体教学工作坊变成宝山区乃至上海市小学语文教育教学改革的一个标兵团队。

教师如何提高儿童文学素养

现在，语文老师在具体的教学中，普遍面临一个困惑，就是不知道如何讲解课文。一些语文老师讲课文抓字词的学习，抓段落大意和中心思想的提炼，即都是抓课文主题的教学。因此，主题教学变成一个常规模式，而对课文的文体之美并不在意，或者说，可能有不少老师并不知道如何区别对待不同文体的课文。

小学语文课文里，很多都是适合儿童阅读和理解的儿童文学作品，如低年级段的课文就有一些适合儿童朗诵的童谣（儿歌）和童诗，而且中低年级段的课文有不少是童话，即幻想故事。对这些课文，不少老师不会讲，甚至有些语文老师觉得，一首很短的童谣、童诗，字词少，归纳主题内涵也很容易，孩子们理解也比较快，所以觉得没法讲。还有的语文老师在公开课上喜欢讲主题鲜明的名人故事和英雄故事，却不敢讲诗歌和童话。为什么会这样？主要原因是一些语文老师缺乏儿童文学的素养，对童谣、童诗、儿童散文、童话、寓言等文体不熟悉，不能分析它们之间的不同，不能找到不同文体的不同语言特点和美感。比如说，我到一所小学去听课，老师讲叶圣陶的小诗《小小的船》："弯弯的月儿小小的船，小小的船儿两头尖。我在小小的船里坐，只看见闪闪的星星蓝蓝的天。"语文老师认为这首诗描绘了夜晚星空的美丽，表达了对宇宙星空的向往，中心意象是"月亮"。其实，这首诗的中心意象是"我"——一个天真烂漫、顽皮可爱的孩子，因此诗才有童心的真实流露，才有活泼的儿童的生活，才有亲和力，还有儿童诗的美。如果语文老师把"月亮"当中心意象，这首儿童诗就被当作绘景抒情诗了。因此，要真正理解诗的内涵和特点，就需要语文老师理解儿童诗，懂得儿童文学，不然，就容易犯上面的意象判断的错误。只有把它理解成一首儿童诗，找到真正的中心意象，并把儿童诗之美之趣解读出来，才能吸引孩子，才能使课堂活泼，吸引孩子，有魅力。还有一次，我去听一堂公开课。语文老师对我说，童话很不好讲，也不敢讲，说学生很喜欢童话，但老师就是不知道怎么讲才能吸引孩子。其实，对童话课文，老师应该抓住童话的幻想之美，让学生充分感受童话的趣味，让学生学会讲幻想故事。这样引导，语文课效果就会好很多，也能通过课文激发学生的写作热情。如果按照常规的主题教学方法来讲童话，就会很枯燥。

这些问题的出现，也说明语文老师有必要提高儿童文学素养，学习儿童文学的知识，了解儿童文学不同文体作品之美。另外，语文老师懂得儿童文学，对指导课外阅读也很有用。现在不少一线语文老师一做阅读推荐，就推荐学生读四大名著，读唐诗宋词。这些推荐从某种程度上说，等于没有推荐，因为这些作品人人皆知，谁都知道它们的名字。其实，小学生最爱读的就是儿童文学作品，尤其是世界经典儿童文学著作。

那么，应从哪几个方面提高语文老师的儿童文学素养呢？

第一，要读一些儿童文学理论书籍。不少师范大学因为各种原因没有开设儿童文学课程，或者开了儿童文学课，但只是选修课，大家不重视，而且教材比较陈旧。所以，语文老师走进一线课堂，发现原来学过的课程没有什么用。为此，我曾写过《儿童文学概论》，由中国人民大学出版社出版，其中，有专章对儿童文学与语文教学的关联进行阐述，有对各种文体知识的新认识，还有对世界儿童文学的论述和介绍，等等。

第二，语文老师应该尝试进行儿童文学写作，从实践中培养写作能力。语文教师多写写童谣，写写童诗，写写童话，尤其要鼓励学生写童诗，写幻想故事，这很容易把学生领进文学之门，找到语文学习的乐趣。我在福建福清实验小学做语文教育和儿童阅读指导，鼓励该校语文老师和学生一起写，学生写什么，老师也写什么，师生一起尝试各种儿童文学作品的写作，效果很好。语文课堂魅力足，学生的习作兴趣浓，两三年下来，该校师生合作印了一套名为《星星河》的作品集。其中，丁芳老师写了60多首儿童诗，她教的儿童诗课也是学生最爱听的课。这是语文老师儿童文学写作素养提高带来的硕果。

第三，语文老师要学习儿童文学作品的欣赏与评论的知识，掌握一些评点儿童文学作品的技巧。广州开发区二小和黄埔区罗峰小学一些语文老师研读《小王子》和《青鸟》等经典童话，做研讨点评，把童话研究所得转化成语文教学技能，让课内阅读与课外阅读有机结合起来，效果很好。这两所小学，目前涌现出了十几位很会讲童话和儿童诗的语文教学能手。在区语文教研员曹利娟老师的带领下，广州萝岗区和黄埔区一批语文老师编写了《小学语文课外阅读课型研究》一书，其中，就有童谣阅读课型、儿童诗阅读课型、童话阅读课型等，这些成果也显示出语文老师提高儿童文学素养的价值与意义。

现在，学生变了，家长和学生对语文老师的期待值也高了，教材教法也要变，老师的素养当然要提高。在儿童文学阅读越来越受到广大家庭的重视的情况下，学校也要重视儿童文学的阅读，语文老师更要提高儿童文学素养。

推开语文之门：
语文教育小论

我对语文课和阅读课的理解

2014年至2017年，在北师大国内合作办学部领导的支持下，我担任中国儿童阅读研究中心主任，开展"中国儿童阅读提升计划"项目，带领由一线年轻语文教学名师、特级教师、儿童文学作家、语文教研员和语文课程专家等为核心的专家团队，在北师大多所附属学校和广州市原萝岗区、福建福清市、河南洛阳市洛龙区、河北唐山市曹妃甸区等区域开展儿童阅读和语文教育改革的实验，推进"中国儿童阅读提升计划"，组织了各种语文教师培训和语文教学专题研讨活动，取得了很好的实效。在推进项目的同时，我也研究语文教材、走进课堂、走近孩子和家长，深度了解儿童教育和语文教育教学，写了一系列的文章，做了多场讲座。这里，我来谈谈对语文课和阅读课的理解。

一、我是这样理解语文课的

现在，对语文教育和教学的观点很多，但大部分还是围绕语文教学大纲做文章，谈来谈去，都是语文课要提高学生的语言交际能力，要提高学生的读写能力。但具体到实践中，语文老师基本上是围着考试转，把其他所有的目标都放到了一边，好像语文课就是为了考试，就是为了在统测、中考、高考中考出好成绩。我是这样理解语文课的：

第一，语文教学的目标是什么？其实，语文教学的目标很简单，只有两个。第一个目标是培养读写能力，也就是说，语文课要培养学生能读善写的能力。能读，就是学生要有一定的阅读能力，而阅读能力包括三点：爱读书，会读书，读好书。不爱读书的学生，也谈不上会读书和读好书。因此，语文课首先要培养学生的阅读兴趣，要让学生对文字世界有一定的信任感，即学生相信文字是有力量的。要做到这一点，语文老师就要把美的文字世界呈现到学生面前，让学生从中感受到审美的愉悦。语文课还要教会学生如何分析文本，让学生懂得如何去欣赏，去辨别文字的优劣、真假、美丑。如果语文课做不到这一点，语文老师自己都不会分析课文，那么，语文课就很难培养学生对文字世界的信任，也难让学生爱读书、会读书和读好书。第二个目标是培养母语意识。中国人学语文，其实就是学汉语，学母语，母语是承载几千年文化传统的文字，是民族的文化符号。学好母语，才会有身份认同和文化认同。从小学到高考，开设12年的语文课，不能培养学生的母语意识，不能让学生对母语之美有认识、对母语的魅力有感受，那么，语文教育就失败了。

第二，语文课的基本属性是什么？语文教育界在这个问题上一直犯迷糊。一谈到工具性，就变成了知识教育，再把知识教育扭曲为应试教育，即考试知识的教育。一谈人文性，就把语文课变成了思想道德教育的阵地。其实，语文教育，就是语文教育，不可能替代科学教育和思想道德教育。那么，语文课的基本属性是什么呢？我认为，应该至少有四个：一是教学生一些基本的语言知识，在此基础上，培养其语言创造力。这是语文的创造性。二是教学生审美，让学生建立美的标准，也学会感受美、创造美。这是语文的审美性。三是教学生阅读和欣赏时，也学会享受快乐。这是语文的游戏性。四是教学生通过语文理解更深刻的思想，理解其中的文化内涵。这是语文的文化性。一句话，语文课不能只教死的知识，而要把学生引领到更

第二辑
语文教学小论

为宽广的语文世界里。

第三,语文老师应该具备什么能力?应该有四个方面:一是基本的文学知识,其中,最重要的是文本的解读能力。现在,有不少语文老师拿到一首诗,不会把它当诗来读;拿到一篇散文,不能把散文之美讲出来;拿到一篇童话,不能把童话的魅力展示出来。这就是不会解读文本。而不会解读文本,说明语文老师缺乏基本的文体常识,也缺乏基本的文学阅读和鉴赏分析的能力。二是教育相关的知识。一位语文老师要有作为语文老师的背景性的知识,比如说,儿童文学知识,教育学的知识,心理学的知识,教材教法的知识,还有其他相关知识,而不是仅有中文专业的知识。三是理解孩子并与孩子对话的能力。儿童有儿童的世界,儿童有儿童的思维和思想,儿童有儿童的话语方式和理解世界的方式。语文老师和其他老师一样,都要理解孩子,并能认真与孩子的心灵对话。四是指导阅读的能力。语文老师要做好学生阅读的引路人,就得有阅读的能力。而阅读能力,需要语文老师自己爱读书,多读书,会读书,读好书。

第四,如何做真语文?现在语文教育形式花样多,什么翻转课堂,什么群文阅读,什么主题阅读,什么由教课文到教语文，等等。真正的语文，我觉得至少要包括四点内涵：一是教材的文字要有示范性，要有汉语之美，母语之魅。二是文本解读能真正让孩子享受文字游戏的快乐。三是教师有爱，善于审美。四是课堂是一种对话。而且，真正的语文学习，不是靠记忆，而是靠感受、领悟、理解，然后才有感动和想象，最终实现审美创造。如果我们的语文课能够把好作品呈现给学生，让学生读到好作品，那么，语文课就有了吸引力，学生的写作能力自然就有了提高。因为学生学会了文字的创造，找到了语文的奥妙，学到了真正的技能和方法。

二、我是这样理解阅读课的

现在各地都在开设阅读课，以阅读课来补语文课之不足，延伸语文课的空间。但有些语文老师把阅读课上成了语文课，甚至阅读课还是以知识学习为目标。这就偏离了阅读课的价值。那怎么来理解阅读课呢？

首先，来谈谈阅读课和语文课的区别。

第一，语文课重在文本细读，而阅读课重在读的过程。语文课要感受语言之美，阅读课主要是要分享阅读的快乐。与相对比较严谨的语文课相比，阅读课是快乐、有趣的，一定要让阅读课快乐起来。

第二，语文课堂上，语文老师不一定是诗人、作家，但他一定是一位评论家、鉴赏家。语文老师的感悟力、辨别力和分析能力，是一致的。语文课要解决文本的理解的问题。而阅读课上，语文老师和学生一样，都是读者，或者说，语文老师更像读者。

第三，阅读课不要试图解决所有的问题，可以更灵活，形式更多样，不要让阅读课解决阅读量的问题。一堂阅读课，时间不多，如果设定的目标太多太高，效果会适得其反。一堂阅读课，让学生感受一点文字之美，掌握一些基本知识，培养一些兴趣，就已经达到了目的。

其次，来谈谈阅读课开设的原则和课型。

第一，阅读课开设的原则。开好阅读课，要坚持三个原则：一要以整本书阅读为主。而且小学的阅读课要以优质的童书、中外儿童文学名著和优质的科普书为主。阅读能力很重要的指标，就是能否读懂整本书，或者习惯于读整本书。此外，整本书的阅读，对学生的阅读习惯、能力的培养是单篇作品无法比拟的。二要考虑阅读主体。小学低年级与中高年级学生的识字量和阅读能力是有差异的，而小学生与中学生在阅读能力方面也有差异。三是与学科教学结合起来。阅读课可以延伸语文课,也可以与其他课程结合起来。比如说,低年级的绘本阅读课可以和美术课结合起来,科普书的阅读可以与科学课结合起来。四是阅读文本要多样化,不能单推一种童书或作品的阅读。现在有的小学单推绘本阅读,过分放大一种童书的价值,这样反而会减弱阅读课的效果。

第二,阅读课的基本课型。可以有七种:一是名著导读课。这是对名著的导读,是在学生还没读到名著的基础上进行的导读。二是阅读分享课。就是语文老师和学生一起分享读书的快乐,这是以师生一起读一部作品为前提,阅读分享课是阅读课的最主要课型。三是故事课(亲子故事会)。在小学低年级阶段,故事课很有吸引力,师生可以一起讲故事,也可以组织学生讲故事比赛,还可以让家长参与讲故事活动,活跃课堂气氛。四是诗歌朗诵会或者诗文朗诵会。朗诵会培养学生的口头表达能力,也容易调动学生全体参与,是阅读课的一个好形式。五是短篇作品读写结合课。有些短的诗歌、散文和童话,师生一起阅读、一起分享的同时,还可以让学生模仿写作。六是阅读方法指导课,主要是对阅读方法、资料收集与如何利用图书馆等资源的指导。七是课本剧和童话剧的表演,这也是一种好的形式。

　　以上是我对语文课和阅读课的理解。不管怎样，上好语文课和阅读课是需要多方面知识和素养的。一位合格的语文老师，既要有语文教学能力，还要有较高的阅读能力和鉴赏能力。在实际的教育教学中，我们会遇到很多具体问题，甚至遇到一些困难，相信通过努力探索，这些问题都可以得到解决。好的语文课和阅读课，都是学生们期待的。

谈谈语文教学、阅读课与课本剧

不少语文老师问我怎么处理好语文教学、阅读和课堂学习的关系,让语文课更有效果,同时,也让阅读做得更好。这里,谈谈我对语文教学、阅读课和课本剧的几点看法。

一、语文教学

首先,来看看课文。如何对待课文呢?这是语文教学的一个关键。正确的做法是,让学生通过课文,了解作家,了解相关文学知识,掌握基本的审美鉴赏能力。

其次,来思考课堂。"满堂灌"的教法肯定不行了,没有哪个学生喜欢老师一个人讲,他们喜欢活动,喜欢在课堂中展示自己的个性、观点和智慧。因此,课堂最好的安排,就是课文讲解占三分之一,学生讨论占三分之一,余下的三分之一可以引入课本剧或其他形式。当然,课本剧或其他形式也可以穿插到前面两个环节中。不过，课本剧的设计对语文老师提出了更高的要求，这需要老师学习一些戏剧知识，能够自己改编剧本，还能带着学生一起改编或创作短小的课本剧或童话剧。

最后，来看看作文教学。要记住，作文教学是语文教学的一部分，且一定要突破记叙文、议论文和说明文三种文体，通过灵活的、创造性的作文课，培养学生的写作兴趣，让学生学习写作技巧，锻炼写作能力。语文老师不妨把作文分解为十个类别：写人、记事、想象、绘景、状物、抒情、书信、日记、观点、创意，然后分别训练，并根据不同年级，设计出有层次有梯度的教学方法，这样更好操作一些。

其中，写人、记事、想象这三类作文，主要是以叙述为主。绘景、状物这两类作文以说明和描绘为主。观点作文，包括读后感、影评和看图说话等材料作文，以提出问题、阐述观点为主。书信、日记两类作文，可以综合记叙、抒情、议论和说明等写作方法。创意作文，比如诗歌，是孩子想象力的呈现。

二、阅读课

阅读课的开设和语文课不一样，它是语文课的延伸和补充，但又不是传统的语文课。语文课要讲解和分析课文，做文本分析，阅读课不是讲解作品，而是和学生分享阅读的快乐。很多小学条件不太好，师资也不充足，图书馆的配套设施和图书都不太够，那阅读课怎么上？

首先，建议每周开设一节阅读课。如果学校里没有足够的师资来专门开设阅读课，可以让语文老师把阅读课穿插在语文课里，每周开设阅读课，带着学生阅读课文之外的作品，丰富语文课。

其次，带领学生读世界经典儿童文学。阅读课的材料要选值得读的经典，尤其是世界经典儿童文学。

最后，一学期读 10 本书，分享阅读心得，讨论经典内容。阅读课不要很复杂，小学低年级学生可以读一些文字少一点的经典作品，比如经典绘本，还要读一些优秀的桥梁书、童诗或散文。一般来说，一个学期读 10 本书比较合适。对老师来说，读 10 本经典文学作品，并不难。

此外，要督促学生每个月写一篇阅读笔记或读书小论，但不要动不动就让学生写读后感。如果给学生布置过重的阅读作业，会让学生失去对阅读的兴趣。因为无功利性的阅读才会更快乐，更受感染，更有收获。当然，阅读课和全校性的读书活动要连接起来。学校开展读书活动，营造好的读书氛围，会让阅读课的开展更自然。

三、课本剧

小学语文课本里有不少童话。这些都可以改编、设计成课本剧、童话剧，老师和学生都参与表演，可以活跃课堂气氛，丰富课堂形式，还可以培养学生的表达能力、团队意识和参与意识。

小学语文课本里还有一些作品也可以设计成课本剧。如厦门海沧有一位老师就把课本里的诗改编成了诗剧，把课本里的故事改编成了戏剧。学生很喜欢，在表演的同时学会了改编或创作戏剧，这也是写作能力的激发。

当然，开展课本剧教学对语文老师提出了更多要求。第一，语文老师要了解戏剧知识，要有改编或创作戏剧的能力和水平。第二，语文老师要愿意参与表演，要有导演能力、表演能力和组织能力。第三，语文老师要真正熟悉教材，理解课文，才能改编得更有意思。因此，语文老师要不断学习，提高自己的语文素养和文艺素养。

对传统文化阅读与教学的思考

近年,掀起了传统文化热。各地的中小学也很重视并落实到了课堂。

什么是传统文化?我认为,传统文化,就是中国几千年来形成的文化典籍、文化习俗、文物和生活方式,其中,文学经典和非物质文化遗产是核心部分。对中小学生来说,传统文化的熏陶和学习,主要是参观博物馆,了解民俗文化,同时阅读古代经典作品,学习书法、绘画与雕刻等。传统文化阅读与教学,立足于经典的解读,引领学生进入经典的殿堂,了解经典产生与形成的过程,理解经典的内涵与特点。比如,读古代经典,主要是读优秀的古文,品味优秀的古诗词,也阅读优秀的古典小说等其他文艺作品。但在读经典的时候,不要把古代经典与现代经典对立起来。小学与中学语文课本里,现代诗文很多。而传统文化阅读与教学，也不只是简单地朗诵与吟诵，大部分古诗词短小、押韵，朗诵起来很容易，且有的古诗词最好的学习方式是诵读，但古代诗人写作时一定也和今天的诗人写作状态差不多，都需要沉下心来字斟句酌，不然，"推敲"的典故从哪里来？古诗词是在安静、孤独甚至寂寞的心境下写出来的，它们的审美格调大部分也是安静的，因而古诗词是需要细品的。古诗词的美，不仅仅是音乐美，还有意象之美、建筑之美、绘画之美。音乐美通过朗诵、吟诵可以感受到，其他美感靠联系、想象和移情才能感悟出来。大家都知道，唐诗宋词的意境是静与虚的，讲空灵，讲心灵世界与外部世界的微妙对应，因此需要用心感悟及安静阅读与思考，才能领会其内涵与奥妙。

现在，传统文化阅读与教学也存在一个问题，有些学校一组织学生诵读古诗词，就要穿古装。其实，古诗词阅读与教学并不是要我们扮演古代人，而是用现代人的思维与情感打通古诗词的思维与意境，形成一个语言世界的默契。古文与古诗词的意境多是农耕文化的背景，而且不少古诗词或古文都是古代文人墨客孤独、孤愤的写照，因此要理解它们，需要想办法情境再现。如读唐朝诗人张继的《枫桥夜泊》："月落乌啼霜满天，江枫渔火对愁眠。姑苏城外寒山寺，夜半钟声到客船。"这首诗的意境就是很静的，诗人的心境是孤独、寂寞的，应该静静地品味、思考，让自己进入月落乌啼的寂静情境里。老师在带领学生欣赏古诗词时，要尽量把诗的意境解读出来，帮助学生理解到位。

最后，想提醒大家的是，几千年的优秀文化都可以归入我们学习的传统文化之列中。古文与古诗词，基本上算是古代的官方文学，而那些民间故事、神话传说、寓言、成语故事、童谣等，也是不可忽视的，它们来自民间，更代表、寄托了几千年来普通人的愿望与理想。因此，大家要用开阔的视野与思维来审视传统文化，别让传统文化变成"文化复古主义"。重视传统文化阅读与教学，不是复古，不是拟古，是让传统文化的魅力重现，并让传统文化在今天的青少年成长中发挥其应有的美学价值与思想价值。

我在各地中小学做语文教育与儿童阅读指导时，发现有不少学校在传统文化阅读方面做得很好。如北师大亚太实验学校以生命教育为核心内涵，以阅读文化的打造为主要动力，致力于给学生提供优质的学习成长环境，唤醒童年生命的潜能。该校各学科的老师，尤其是语文老师用心于课堂，把校园塑造成一个书香浓郁、童心洋溢、绿色生态的好环境。他们根据经典古文、诗词和对联等编写了"多水平阅读"系列及多个传统文化教案,还撰写了传统文化教学的系列论文,提高了对传统文化阅读与教学的认识。福建福清实验小学的语文老师们还编写了"古诗词诵读"校本教材,实现了各年级学生的古诗词的阶梯阅读。相信这些立足于弘扬传统文化并提高学生语文能力的实践,会给其他兄弟学校以启迪、以教益。

以"中国儿童阅读提升计划"引领语文教与学

几年前,在广州原萝岗区教育局的信任与支持下,我领衔的北师大"中国儿童阅读提升计划"项目在原萝岗区6所小学先后实施。现在,萝岗区与黄埔区合并为新的黄埔区,该项目依然得到了黄埔区教育局领导的高度重视与支持,也赢得了项目实验学校领导、老师、家长和学生的认可,取得了可喜的成效,达到了打造校园阅读文化、更新家长教育观念、提升语文教师教学素养和学生阅读能力的目的。

"中国儿童阅读提升计划"项目在广州实施三年,主要从四个方面开展工作:

第一,着力帮助项目实验学校打造校园阅读文化,构建书香校园,引导学校重视图书馆的建设,给学生课内阅读与课外阅读配备优质的图书，帮助学校制订教师、家长与学生的阅读书单。基于这一点，项目组派专家入校，给老师们做图书馆资源利用的讲座和培训，同时，借助北师大附属学校平台在北京和厦门多次举办的图书馆建设研讨活动中，邀请项目实验学校领导和老师参加研训。

第二，对语文教师进行教学技能培训，提高他们的教育素养。针对语文教学中普遍存在的不会解读文本的问题，项目组特意组织了诗歌教学、童话教学、作文教学、读写结合课与传统文化阅读教学等多层次的培训。培训邀请权威的语文课程专家、儿童文学专家与儿童教育专家从一线教师最急需解决的问题出发，理论培训与课例研讨相结合，不仅为语文教师增进必备的阅读教学理念，还为语文教师提供丰富的阅读课课型与有效的操作方式，为更多的老师创造锻炼、提高的平台，展现语文教师教育教学的智慧。

第三，安排儿童教育专家给家长做家庭阅读环境营造与亲子阅读方法指导的讲座。家庭是孩子终身的学校，家长是陪伴孩子成长的良师益友，重视阅读的家庭必定会培养出爱读书爱思考的孩子。同时，为家长做儿童心理与儿童教育讲座，解决家长的育儿困惑，同时也更新他们的家庭教育观念，促进项目实验学校的家校互动。

第四，安排儿童文学作家到项目实验学校给不同年级的学生讲故事，讲阅读，讲写作，让作家以写作的亲身实践经验来感染学生，开阔学生的视野，激发学生的阅读兴趣，为学生的阅读与写作助力。

为了保证以上四个方面工作的切实落实并取得成效，项目组建了非常得力的专家团队，他们有的是语文教育专家，有的是课程专家，有的是儿童阅读专家，有的是儿童文学作家，还有一批能上优质语文课与阅读课的核心教师团队。同时，为了服务项目实验学校，该项目以北师大附属学校平台为依托，先后在北京、广州、厦门等地举办了多场大型语文教育教学研讨，邀请项目实验学校参与，为项目实验学校提供了更为广阔的教育平台，也为项目实验学校培养了一批卓越教师和种子教师。此外，项目活动立体丰富，语文专家讲座、家教讲座与作家讲座同时进行，层次性强，针对性强，落到实处。

在项目活动初期与后期，该项目分别对参与实验学校和非实验学校的学生、语文教师、学校领导进行阅读状况测评。在实践与数据对比中，我们也感受到、看到了可喜的变化。

第一，通过拓展阅读面等方式增加儿童语文积累，为有效提高儿童语文阅读能力打基础。在语文积累上，儿童阅读提升计划针对提高儿童阅读兴趣、拓展儿童阅读面和提升儿童阅读能力三个方面，开展了多项不同类型的课外阅读教学，并通过资源整合的方式，对阅读课程进行了有效的构建，使儿童在语文积累层面获得了有效的提升。通过对数据的比较分析，我们可以发现参与儿童阅读提升计划的项目实验学校整体上比非项目学校表现优秀，表明该项目对儿童积累能力的提升具有显著的作用。

第二，借助教育区域化和创新理念的推动，促进特色学校教育建设。儿童阅读提升计划旨在促进学校优质资源引入和办学创新，通过对教师的培训，打造名师，提高教师的文学素养、实践能力和研究水平，从而创设富有特色的学校阅读文化，这一氛围对处于不同层级学生阅读能力的形成和提高具有重要意义。测评主要从积累的了解与识记、理解与分析、运用与评价三个维度，对普通校和优秀校分别进行。结果表明，无论是低分率的降低幅度，还是优秀率的增长幅度，都呈现出该项目对普通校提升幅度更大。这些差异表明学校进行特色化探索的必要性，也反映出普通学校具有较大的发展空间。

第三，相信每一位学生都有成长进步的空间，增强学生阅读自信。分析实验结果可以发现，普通校通过阅读实践活动，不仅明显提升了优秀率，还使原本处于弱势地位的学生取得很大进步。经过三年实验，项目学校的学生在语文积累、解释信息等能力上有明显的提升，班内学生的差距也有所减小。因此老师和家长要充分相信学生的潜能。只要通过正确合适方法的引导，每一位学生都可以不断成长进步。与此同时，老师和家长也要鼓励学生增强自信心，要积极参加各项阅读活动。

第四，提升学生的阅读兴趣，树立正确的阅读观。浓厚的阅读兴趣是阅读行为的原动力。家长和教师应该帮助学生正确认识阅读的目的和意义，树立科学的、积极的阅读观，引导学生自发地热爱阅读，投入阅读。项目在实施过程中，注重文体的分类，引导学生阅读经典文学作品，喜欢读"全是图画的书"的学生比例降低，更多的学生开始喜欢阅读"以文字为主、配一些图画"的书。这表明学生在书籍的选择上更加成熟。更为可喜的是，出于个人兴趣而阅读的学生比例随着项目的实施逐渐增加，学生的阅读主动性更强。

第五，减轻学生课业负担，增加学生阅读投入。项目实施后，每月读 10 本书以上的学生比例明显增加，并且随着阅读兴趣的提高,学生课外阅读的时间也逐渐增加。但也有相当一部分学生认为自己的阅读量不足,主要原因之一就是功课太忙,没时间阅读。因此家长和教师应该努力减轻学生的课业负担,鼓励学生更多地投入课外阅读,保障学生的课外阅读时间和阅读量。

第六,给予学生充分的阅读支持和指导,培养其良好阅读习惯。学生对课外书籍的选择和阅读需要家长和教师的指导,应根据不同年龄段孩子的特点给予具体的阅读指导。有的学生没有养成良好的阅读习惯,没有形成科学的阅读策略。这就需要教师和家长在学生阅读时进一步引导,逐渐培养孩子正确的阅读方式和良好的阅读习惯。项目学校的学生家庭藏书量随着家长重视程度的增加也开始逐渐增加,亲子阅读讲座渗透的培育理念也影响了更多的项目学校家长花更多的时间陪读、伴读,进一步营造书香家庭氛围。除了家庭,项目学校的教师也对学生的课外阅读指导投入了更多的精力,项目学校整体的课外指导频率和时间高于非项目学校。

第七,开展丰富多彩的班级和校园阅读交流活动,提升学生阅读兴趣。丰富多彩的班级和校园阅读交流活动可以极大地调动学生阅读积极性,提高学生的阅读兴趣。如设立班级图书角,开展读书交流会、读书方面的专题讲座等。参与项目学校连续承办儿童阅读大型研讨活动,借助活动积极营造以诗歌、童话为主题的校园文化,形成浓厚的阅读氛围,对书香校园的建构产生助推作用。项目组与项目实验学校的领导、家长、老师和学生结下了深厚的感情,亲身体验和见证了项目实验学校的巨大变化,感受到了当地教育部门对教育事业的执着。

  相信该项目会真正引领语文教育与儿童阅读,相信项目实验学校的改革与创新会更有成效。

阅读是各学科教与学的基础

与李升华校长结识已有多年,她在北京市陈经纶中学嘉铭分校担任校长,与全体教职员工齐心协力,狠抓教育改革,打造了以"紫藤花"为中心意象的诗意校园文化,让学校充满书香。学校面貌新,办学内涵丰富,教育教学效果好,受到了社会各界尤其是广大家长的好评。

近几年,李校长带领学校的老师全力打造阅读校园,探索"全学科阅读",开展了"全学科阅读"的课题,主编了《全学科阅读》一书。她嘱我写个序言,我觉得她的这些教育教学理念,很值得称赞,也值得各地倡导和推介。

几年前,在全国各地,尤其是南方的中小学校,掀起了阅读课教学之风。很多学校开始重视课内阅读和课外阅读,有的语文教师还推动了"整本书阅读""群文阅读""主题阅读""经典阅读""经典速读""海量阅读"等各类阅读活动,开展了各种阅读课的公开课和赛课活动。一时间,南方和北方,沿海和内地,阅读教学之风似有席卷之势。我参加过一些学校的阅读课活动,了解了不少阅读活动的形式与内容。说实在话,这些阅读活动和课程并不都是很好的,或者说,并不都很到位。有些阅读课活动甚至偏离了阅读本身的意义和目标。如,不少阅读课看似阅读,其实是主题教育课,教师没有带领学生领悟文字之美,只是挖掘了所谓的"思想",结果,一堂阅读课就变成了思想品德教育课。这显然是不科学的。原因在哪里?我觉得有些学校和老师并没有真正理解阅读的价值和意义。

那么,阅读的意义和价值在哪里呢?其实,学校教育靠的就是阅读,学校就是教师和学生一起读书的地方,优质的学校一定是书香校园。某种程度上,每一门课程,都是教师和学生一起读一本课本(教材,也是专业书籍)。平时的练习、测试,都是在做阅读——阅读各种题目、题型,理解和分析每一道题的含义。答题,是一种文字和符号的表达,也是一种写作。而语文课的主要内容就是阅读和写作,主要目标就是阅读能力和写作能力的培养与提升。语文课,实质上就是阅读课。每次教师讲解课文,就是和学生一起阅读课文,理解课文,在此基础上,培养学生的阅读理解力，从而为课后更为广泛的阅读培养兴趣并奠定能力基础。阅读是学校教育最核心的要义，也是一个人自我教育、自我提升的最好方式。一个人要感悟人生，认识生活与世界，洗礼灵魂和思想，学习更多的知识，了解更宽阔的专业领域，还要节省时间、金钱和精力，最好的方式就是阅读——从书本里获得间接经验。因此，不爱阅读，疏于阅读，甚至从来不进行课外阅读，不但很难顺利完成学校教育，也很难培养全面的素养，提升自己的认识能力和品格情操。因此，家庭要加强阅读文化建设，打造书香家庭，社会也要形成阅读风气，学校更要抓好阅读，把阅读变成一项最重要的事情去推动，去做好。

李校长及其团队的努力紧扣了学校教育阅读的本质，不但对创建阅读校园非常有意义，对每一个学生和其家庭来说，无疑也是有召唤力的。"全学科阅读"概念的提出，是比较科学的，符合学校教育之"阅读文化"属性。每门课程的学习都要求学生有阅读能力，有文字和学科符号（数、理、化符号）的理解力。"全学科阅读"遵循了学校教育的规律，也是一种符合时代需要的教育理念。党和政府提出的文化强国、教育强国和人才强国的战略构想，都需要落到实处，对中小学来说，就是要落实到课程课堂和阅读与写作能力的培育上来。陈经纶中学嘉铭分校的做法，可谓与时代同向同行，是为未来着想。

值得肯定的是，《全学科阅读》一书中的内容也非常好。第一章关于"全学科阅读"的概述，提出了明确的观点，肯定了"全学科阅读"的意义，提高了大家对学校学科教学与阅读的认识。第二章分享了语文阅读课的优秀课例，展示了各年级教师精心备课，抓实课堂，优化课程内容的努力。第三章分享了数学阅读课的优秀课例，显示了数学教师突破传统课程模式，把课程和课堂变成真正的理解力和创造力培育与提升的平台的举措。第四章收录了英语阅读课的优秀课例，展示了英语教师扎实推进阅读课堂并使课堂具有明确的教学目标的姿态。第五章至第十三章，分享了物理阅读课、化学阅读课、道德与法治阅读课、历史阅读课、地理阅读课、生物阅读课、美术阅读课、音乐阅读课和体育与健康阅读课等优秀课例。可以说，每一位教师都精心备课，用心教学，因此每个课例内容设计合理，把知识传授与阅读能力、想象力的提升当作重点，理论与实践相结合，认识能力和创造能力相匹配。

总而言之，李升华校长及其团队推动的阅读校园建设、"全学科阅读"理念的实施，是非常有价值的，对其他学校的办学也有启示意义。让每门课都回到阅读的位置上来，让学生的学习变成真正意义上的阅读，这是学校文化角色的回归，也是现代学校教育灵魂的坚守。

在此，我要向李升华校长和嘉铭分校的全体老师致敬：他们做得好，他们坚定地走在了教书育人的正道上。

推开语文之门：
语文教育小论

如何理解并做好整本书阅读

近几年，整本书阅读成为时尚。

整本书阅读缘何而起？我大致知道它有三个由来：一是统编版教材编写之际，参与主编和选编的人在宣讲语文课程及教学时，力推整本书阅读，且中考和高考都有必读书目。这种必读书目的规定，使得很多学校和教师认定语文教学要抓整本书阅读。二是绘本阅读推广的深入，逐渐带动了童书阅读推广，使得中小学经典名著和各类新书的阅读推广日益受到家庭和社会的重视，各种力量从各自角度推动了整本书阅读。三是语文教学需要抓阅读和写作，但作文教学难度很大，一般学校和语文教师都难以解决作文教学的难题。于是，阅读教学就成了语文教师努力并试图展示自己能力的方向，而且整本书阅读可以给语文教师一些抓手，也符合家长的预期，容易得到家长的认可。

整本书阅读的推进大致呈现出三个方面的特点：一是把整本书阅读课程化。不少中小学开设阅读课，并以整本书阅读作为最主要的形式和内容。二是把整本书阅读活动化。即把整本书阅读作为校园重要的阅读活动，并推动校园整本书阅读和家庭整本书阅读的联动，让学生写读书笔记。三是把整本书阅读项目化。不少中小学把它与项目化学习结合起来，设计成教学研讨项目。学生做项目化阅读，教师做整本书阅读和研讨，以整本书阅读提升教师素养和语文教学能力。

无疑，整本书阅读的开展有利于增强校园阅读氛围，提高师生对阅读重要性的认识，但整本书阅读在推进的过程中也存在一些明显的问题：

一、过度强化整本书阅读，而淡化语文课的建设。有不少学校和语文教师在抓整本书阅读时，由于缺乏对语文及语文课的清晰认识，有以整本书阅读替代语文课的趋势。其实，语文课就是阅读课，而且也是整本书阅读。不过，语文教师讲解单篇课文时，是和学生一起阅读一篇作品。而语文教师一个学期的语文课，就是和学生一起认真读懂一本课本。当然，语文教师在进行某一个单元的授课时，相当于和学生一起做群文阅读，只不过，这种群文阅读不是在一节课完成的，而是几节课完成的。因此，语文课本身是群文阅读，也是整本书阅读。单篇作品的分享性阅读也是语文课最重要的内容。对语文教师来说，能够读懂一首儿歌、小诗，一篇散文、童话或小说，是最基本的教学能力，也是语文课最基本的内容。

二、以应试思维抓整本书阅读，使整本书阅读功利化。语文课的阅读和课外阅读是有区别的，语文课的阅读有知识习得的目标，还有读写结合的指向。但课外阅读是自由的阅读，是充分享受阅读权利的文字享受。对经典名著和一些新书的阅读主要在课外进行，因此语文教师要把重点放在提高课内阅读即语文课的有效性上，而对课外整本书的阅读则要和家长协同推动。当然，整本书阅读更不能变成应试训练，不能让学生每读完一本书，就进行知识测试。应试导向的阅读不但会损坏学生对书籍的好感，还会使学生失去对语文学习的兴趣。

三、过分夸大整本书阅读，忽视读写能力培养的系统性。整本书阅读可以快速提高学生的阅读量，对部分学生来说，甚至能快速提升他们的阅读理解能力。但过度地强调甚至强化整本书阅读，可能加重学生的学习负担。阅读能力和写作能力的培养是语文课最核心的教学目标，语文课本身可以实现读写结合,并引导学生从课内阅读延伸到课外阅读。某种程度上说,整本书阅读更适合课外阅读,而且容易让学生养成良好的阅读习惯。如果过分夸大整本书阅读,很容易误导教师忽视学生写作能力的培养,并把课堂教学的热情转移到课外阅读指导上来。

  整本书阅读本身是有价值的,不但可以让其成为学校课外阅读互动的主要形式,还应倡导其成为家庭教育和学习的重要形式。只要不过分夸大整本书阅读,我以为其推动是值得肯定和提倡的。语文素养的提升,有赖于整本书阅读;整本书阅读对个人的耐心、毅力和整体性的把握力以及文本的深度理解力等,具有不可忽视的作用。

  非常欣喜的是,有不少一线语文教师在切实抓整本书阅读,而且探索了一些深度阅读的方法。深圳市的周伟、冯银江两位高中名师领衔主编的《〈红楼梦〉整本书阅读教与学》就是个很好的成果,印证了深圳多位高中语文教师在《红楼梦》这部经典的阅读教学方面所进行的探索。周伟老师在前言里提到了《红楼梦》整本书阅读目前存在两个不良的样态:一是"应试阅读",二是"专业阅读"。前文我也提到了"应试阅读",这的确值得警惕。而周老师所指摘的"专业阅读",我认为也是有道理的。一些专业

推开语文之门：
语文教育小论

人士对《红楼梦》，包括对《诗经》和唐诗宋词的解读，存在明显的"过度解读"的问题，尤其是那种索引派的《红楼梦》解读，更是让人难以信服。而从《〈红楼梦〉整本书阅读教与学》来看，周伟、冯银江等诸位老师以8个专题（也是8个视角），从24个小角度来阐释、解读《红楼梦》，无疑是非常有效的类似诗歌解读中常用的"散点透视式"方式，容易让学生进入文本世界。诸位老师的解读是开放式的、对话性的，带着明显的个性，也显示了各自对文本的理解度以及各自的质疑和批判。

深圳是改革开放前沿地带，也是语文教育改革的前沿阵地。《〈红楼梦〉整本书阅读教与学》一书的出版给一线语文教师提供了方法论的指导，也是一次召唤——让语文教育回到阅读的本体上来，让阅读回到以文字滋润心灵、提升精神的价值立场上来。

阅读课该怎样上

在报纸和网络上,我看到一位语文老师在做课堂海量阅读,而且还做了公开课,受到了很多语文老师的追捧。但我不主张课堂上搞海量阅读,理由有三个:

第一,一堂课只有 40 分钟,让学生沉下心来读书,时间是有限的,能够认真品读一两首短诗,或者认真读懂一篇千字文,并能在课堂上做一些分享,就很不错了。第二,一堂课如何海量?我曾听过一次主题阅读公开课,一位语文老师把鲁迅的相关文章罗列了三五篇,每篇达 1000 多字,一篇甚至 5000 多字,还搜集了很多关于鲁迅的研究资料和图片,在课堂上用 PPT(演示文稿)展示。想一想,这老师再厉害,再怎么讲,也讲不透,讲不精。这样的课堂,好看,但实际上学生什么也学不到,或者说,课堂上老师只是熟练的表演者,他能把课堂表演得非常有吸引力,但学生呢，真的学不到什么，这只能是一堂信息堆砌、一知半解、无法互动的课堂。第三，真正的阅读，是要用心去理解的。而要理解，就要安静读，而且慢慢读，因此，阅读课上如果有很多阅读材料，除非上课前提前布置，不然的话，学生不可能真正完成有效的阅读。另外，就算提前布置海量阅读，这样的课难道不是表演课吗？

在听这样的海量阅读公开课时，我在想：如果让我来模仿这位语文老师给她上一堂海量阅读课，她能理解多少呢？或者说，她会不会云里雾里、一知半解呢？

我还参加过一次语文教研活动，听了三堂语文老师的阅读公开课。其中，一位女老师的课被主办方评委们认为是上得最精彩的。说实在话，我觉得她的阅读课恰恰是最糟糕的。因为这堂课上，这位语文老师总在不停地提问，不停地要学生回答问题，而且一个问题接着一个问题地问。每当学生的回答不符合她的要求，或者她认为不对的时候，她总会问其他同学："他说得对不对？"既然是阅读课，分析阅读心得，分享各自的理解，应该是没有标准答案的。为什么语文老师总要判断对不对呢？语文老师设定固定的问题，既束缚了学生的思维，也是在显示自己的强势，她是课堂的主宰者，还是学生的统治者。这样的课堂，还有自主发挥、自由表达，还有想象力的展开和创造力的激活吗？非常可笑的是，点评专家竟然表扬这位语文老师牢牢控制了课堂，抓住了阅读文本的中心主题不放松。我感觉，这样的阅读公开课，是很可怕的。它误导了其他语文老师，也告诉我们，很多语文老师，甚至一些语文教学专家，可能不知道什么是阅读课，或者说，他们不知道阅读课到底该怎么上。在阅读课上，老师可以和学生一起分享心得和体会，让学生自由、充分地表达自己的观点，相信学生可能比自己更聪明、更智慧，对阅读材料的理解可能比自己更多更好。

那么，语文课和阅读课如何才能提高学生的阅读能力？阅读课应该怎样上呢？我觉得要注意以下几个方面：

第一，要找准阅读课的定位与目标。阅读课不是为了考试，而是为了激发与提高学生的阅读兴趣，培养学生的审美能力，张扬学生的想象力，从而培养学生的创造性思维能力和文字的创造力。因此，阅读课的立足点，不是找好词好句，不是寻章摘句，不是归纳段落大意、中心意思，也不是从阅读材料里找老师想要的主题思想和考题答案，而是语文课的补充和延伸。如果说语文课是开一扇语言之窗，那么，阅读课就是带着学生走进一片草地、花园、原野、森林，给学生一个更加自由的语言文字的空间，让学生在阅读中找到诗情画意，找到美，找到有趣的故事，找到形象的对应，找到他们喜爱的审美世界，满足他们对文字世界的好奇。

第二，要选好阅读材料。对学生来说，尤其是对中小学生来说，阅读课最主要的是要选择经典的文学作品，小学生要尽量读经典的儿童文学。现在，有不少语文老师喜欢在杂志上选短文，认为这类短文经常出现在阅读理解题里，所以多读一些，会提高阅读理解能力。事实上，真正提高阅读理解能力，要读整本书。整本书阅读，需要语文老师每个学期先列出一个很好的书单，让学生在课余阅读，在课堂上分享阅读的快乐和收获。因此，阅读课最好选择一起讨论和分享整本书的阅读心得与体会。

第三，要有好的方法。传统的语文课，一般都是以老师讲解为主，配以提问，学生按照老师的思路，来回答问题。在这种情况下，学生被动思考，被动学习与接受。很多语文老师上阅读课，也把这种传统的教法搬了过来。让学生回答老师的各种提问，让学生抓阅读材料里的主题思想和教育意义。这样教，等于把阅读课变成了传统的语文课。这等于增加了学生语文学习的负担。时间长了，学生是不会喜欢甚至会厌倦的。阅读课的正确方法，应该是以学生为中心，充分发挥学生的自主学习能力，以阅读分享为主，让学生表达见解，交流思想，品味美感，以提高他们的文学鉴赏力和文本解读能力。因此，最好的方法，就是"互动分享"，而不是"老师讲、学生听"的模式。"互动分享"意味着在课堂上，老师只是参与者；意味着老师和学生平等对话，并在适当的情况下启发学生；"互动分享"也包括学生写读书小论，开读书经验交流会，举办读书报告会，让学生充分互动交流。

  第四，要有好的课型。现在流行的阅读课，要么是主题阅读，要么是群文阅读，其实，这两种阅读课是一回事。主题阅读课是把相同主题的文章放在一起来读，群文阅读课也是把相关的文章放在一起来读，抓主题，抓内涵，提炼几个问题，然后让学生来找问题的答案。这种阅读课与传统的语文课没有本质区别，因为传统的语文课也是以主题提炼为核心的，而且语文课一个单元，就是一个主题，所以学了一个单元，也就等于实现了一次群文阅读。不过，群文阅读课是在一节课上，而传统的语文课一个单元要学一周或两周。阅读课不是语文课，好的阅读课，应该以学生自主阅读为前提，因此，课堂最好是分享为主，即阅读课最好的方式,是分享阅读课。在分享阅读课之外,还可以穿插一些故事课(让学生讲故事,讲他们自己创编的,或者是改编的),诗文朗诵课(精选一些名家名篇进行朗诵),名著导读课(对大家不熟悉的名著进行介绍和阅读指导),戏剧表演课(鼓励学生将所读的作品编成短剧表演),读写结合课(读小诗、美文时,可以让他们模仿写作),等等。

  总之,阅读课不能上成语文课,不要按传统的语文课型来操作,不是为了抓住某一个思想和主题,而恰恰是为了提高学生阅读兴趣,拓宽学生的视野,培养学生的阅读理解力。如果还用"应试思维"来束缚阅读课,那阅读课就会无趣,就会僵死。

谈谈统编版小学语文教材的教与学

统编版语文教材在全国各地统一使用，小学教材加入"我爱阅读""快乐读书吧"与"和大人一起读"等阅读栏目，向语文教师提出阅读概念，因此，不少语文教师感觉它的使用有一定的难度。下面，我结合自己对统编版语文教材的理解，就其教与学谈几点看法。

一、统编版语文教材的特点和问题

统编版小学语文教材的特点是比较明显的，但它的问题和特点是一起呈现出来的。

1.小学低年级主要是识字和课文两部分，加了"快乐读书吧"与"和大人一起读"，好像强调了读，尤其是课外阅读。课内阅读是语文教师的课堂教学任务，课外阅读不仅是学校老师的事，还是家庭教育的内容。"快乐读书吧"倡导的是一种读书的状态。"和大人一起读"的提法，可以理解为"学生和老师一起读"与"学生和家长一起读"。那么，这部分材料是否与教学目标匹配，是否可以进行有效的课内阅读，也是值得语文教师认真思考的。

2. 小学中高年级段主要是课文，每一个单元有3~4篇课文，加口语交际、习作和语文园地。这种内容编排，让语文教师在一个单元要解决四个方面的问题：一是讲好课文，这当然是课堂教学最主要的任务，如果课文讲不好，不能启发学生感受语文的魅力，那么，课堂实效性就会大打折扣。二是完成口语交际训练，这看似是语文课的次要部分，但师生之间的交流本来就是口语交际，再特意设置这样的内容，是否需要科学的规划？三是进行习作教学。这部分是否能取代作文教学？四是加强语文基础知识认知。课本里这样编排内容，就给语文教师出了一个难题：如何兼顾这四个方面的教学，保持好课程的平衡，并能完成语文目标和考试目标。

3. 统编版语文教材的口语交际，完全可以改成"语言表达"，把"表达"提出来，更符合科学的语文教学，说话是语言表达，习作是文字表达。小学语文教学大纲一直重视口语交际，并把它变成语文教学的几个目标之一，意在重视语言表达能力，让学生会说，也会写。不过，课堂上和课外所有的活动，都包含了口头表达，都有交流情境。

4.对习作的理解也有问题。语言表达主要是口头表达，习作就是文字表达。课文后面的习作，应该紧紧围绕课文，让学生用课文里出现过的字、词、句来进行写作训练，这样既巩固了课文知识，又学会了用最基本的字、词、句来写作。比如，五年级上册语文教材第二单元的课文中，《搭石》主要是绘景，《将相和》主要是讲故事，而《什么比猎豹的速度更快》和《冀中的地道战》主要是说明文，"习作"部分是"漫画"老师，习作和课文学习没能有效衔接。

二、统编版小学语文教材课文教学的基本目标

从统编版小学语文教材的课文设计和课后设计来看，它主要强调的目标可以从三个方面来理解。

1.小学的语文课文教学基本目标有四个。一是识字，拼音。这是小学一、二年级的重要教学内容和教学目标。二是语言表达。小学语文重视口语交际，试图在课堂上通过口语交际达到提高语言表达能力的目的。三是阅读理解力。这是课文教学能够基本完成的主要目标，当然，课文

教学里的字、词、句的教学也是为了提高文字理解力。四是写作能力的培养。在这方面,低年级主要是写话,写段落。

2. 小学语文课文教学的重点目标有两个。一是小学低段的重点是朗读课文,背诵课文,记忆字词。小学低段语文学习是基础知识学习的阶段,把识字、组词和造句当作重点,无疑是有科学依据的。二是小学中高段的重点是写作,写作不仅是对课文内容和美感的消化,而且是体现学生文字创造力的标尺。

3. 写作能力培养是终极目标。语文课所有的成效都可以从写作上得到检验,如果学生能说会道,不算是语文能力。不会用文字表达,不会写作的学生,等于没学好语文,因为语文考试的答题也是写作。因此,写作能力,即文字的创造力的培养是语文教学的最基本的目标,甚至是终极目标。

三、统编版课文讲解的几种方法

统编版小学语文教材一出来,各地就组织了教材使用的培训和讲座。其实,语文教学没有很多的秘籍,都是一些基本方法。

1. 把课文的趣味提炼出来。课文并不都有趣,但课文里有趣味的点,一定要抓住,并让它成为激发学生对课题感兴趣的一个契机。比如,一年级上册的《小小的船》,是叶圣陶的儿童诗。这首诗表面上看是写景诗,有些人讲解它的时候,让学生绘画,画星空,画银河,画小船,但它实际上是一首儿童生活诗。诗的中心意象是"我"——一个顽皮、天真、任性的孩子,在船上玩水,让船在水里荡悠悠的,"我"很开心、很快乐。如果告诉学生,这首诗里有一个快乐的孩子,诗的趣味就出来了。比如,一年级下册的《咕咚》,是一个有趣的民间故事。"咕咚"一声,本来是一个木瓜掉下来了,但兔子吓坏了,赶紧跑。其他动物以为"咕咚"是一个怪物,是一个可怕的东西,于是都吓得逃命。后来,野牛拦住了大家。兔子带着大家去看个究竟,才发现,原来"咕咚"只是木瓜掉下来的声音,根本不可怕。这个故事非常有趣,里面的动物好像一群胆小的孩子。课文讲解时,把趣味讲出来,学生很容易进入情境。当然,感受了课文的趣味,对课文内容也就熟悉了。

2. 把课文的美感提炼出来。课文里的词、句之美,尤其是修辞手法,要多讲,要讲好,要讲出修辞的魅力,让学生理解修辞,学会玩语言文字的花招。这样,就学到了文字创造的奥妙。比如,前面提到的叶圣陶的《小小的船》,

里面就有比喻，把弯弯的月儿比喻成小小的船。在教这首诗时，讲一讲诗里是怎么比喻的，告诉学生比喻是一种联想，然后，列一个景物（树叶、小河、香蕉等），让学生做一点联想的尝试。比如，二年级下册的郭风的散文《枫树上的喜鹊》，里面就有比喻句"它好像一把很大又很高的绿色太阳伞，一直打开着"。课文里还有拟人手法，"我常常觉得喜鹊会跟我说话，我像童话书里那样，在心中称呼她喜鹊阿姨"。在讲解课文时，这样的修辞是可以变成造句的好材料的。

3. 把课文的文体特点讲清楚。统编版小学语文课本里收录了诗歌、散文、小说、童话、民间故事、神话、古诗词、古文等十来种文体，有不同的文体特点和语言规则，因此，讲清楚它们之间的不同，把文体意识培养起来，就能让学生对语文的认识深一步，而不是只提炼中心思想了。现在有人主张学语文不以文学为主，而且一再强调不要讲修辞，这种说法是不切实际的。因为语文课文大部分是文学作品或文学作品改编而来的，怎能无视它们本来的文学特点呢？此外，讲一讲文体知识，让学生认识不同文体的规律，也对写作有好处，还能培养学生对文学的认识与理解，这对学生课外的文学阅读无疑也是有帮助的。

四、统编版语文教材如何做到读写结合

语文课的重要内容和目标就是读写能力的培养，因此，充分利用课本做好读写结合，是一件很重要的工作。

既然把课文当范本，那么，课文里的字、词、句、结构都应该自然地成为学生组织文字的范本，即写作的范本，因此，突出课文作为范文的功能，是非常有积极意义的。而突出课文作为范文的功能，就要求教师从每一个单元里选取一篇课文，提炼组词、造句和篇章结构的亮点和特点，引导学生通过课文学习，进行习作小训练。

有些课文是经过改编的，如果拿出原文来对照阅读，是不是更有利于教师和学生认识课文，理解文字世界？教师和学生一起探讨课文改编，本身就是一种非常好的认识、理解，对提升学生读、写能力是非常有意义的。当然，因为条件的限制，全部课文都找出原文也没必要，但每一册课本里找出几篇改编课文的原文，然后进行对比阅读，既可以改变课文讲授方式，还可以转换学生理解课文的角度，这无疑是新鲜新颖的教学法，也有利于学生感悟文字的创造美，促进学生写作能力的提高。

语文教材的读写结合，要落实到读与写的统一上。也

就是说，不能读是一套，写是另一套。因此，讲解课文，带学生理解课文时，要引导学生理解这种类型文字的写作。读是理解文字规律，写是遵循文字规律。领悟了这一点，读写结合才能做到位。基于此，建议教儿歌时，带着学生编儿歌；教童话时，指导学生编童话故事；教散文时，教学生写抒情小散文；教民间故事时，可以指导学生改编民间故事。

叶圣陶在《我和儿童文学》中回忆了他在1932年花了整整一年的时间编写开明小学国语课本的事，他还说："给孩子们编写语文课本，当然要着眼于培养他们的阅读能力和写作能力，因而教材必须符合语文训练的规律和程序。但是这还不够。小学生既是儿童，他们的语文课本必得是儿童文学，才能引起他们的兴趣，使他们乐于阅读……"这些话对纠正当下对语文教材和教学看法的偏差非常有参考价值。

统编版小学语文教材既然被全面使用了，它的编写应该重新思考叶圣陶等语文前辈的主张和思想。当然，教材的教与学也应该找准定位，找到最有效的方法。

第三辑
CHAPTER 3

儿童诗教小论

推开语文之门:
语文教育小论

语文教育改革是新诗教育关键

新诗教育是一个老话题,也是一个很严肃的话题。目前新诗教育并不完善,尤其是中小学新诗教育没有体现科学性和连贯性。可以说,中小学语文教育不够科学与合理,影响了新诗教育。

那么,中小学语文教育存在哪些影响新诗教育的问题呢?

一、诗歌选编问题。大部分入选教材的新诗是根据单元主题的需要来选的。比如,将牛汉的《华南虎》、郑振铎的《猫》、沈石溪的《斑羚飞渡》、布封的《马》和蒲松龄的《狼》列在一起,形成一个"动物文学"主题。但牛汉的《华南虎》这首诗既不是"动物诗",也不是"生态文学"。这首诗中的"华南虎"只是生命的隐喻,是诗人对知识分子和自身处境的时代描述与思考。

二、教法问题。很多语文老师不会讲新诗，教学参考书也没有给语文老师很恰当的指导。很多小学语文老师一遇到新诗就跳过去，干脆回避新诗。还有的语文老师只是简单地带学生朗读几遍新诗，或者把新诗分成一节一节的，分析段落大意，归纳中心思想，好像新诗与别的课文没有什么区别。在传统的语文教学方法里，新诗也只有思想品德教育价值。

三、教师的文学素养问题。很多语文教师的文学素养和新诗素养是非常欠缺的。这与大学的中文教育和教师教育有关。现在师范大学中文系重视"文学史"系列课程，也很重视"文学理论"课程的教学，却缺乏对诗歌、散文、小说、戏剧等文学文本的解读能力的培养。大学教授很少在课堂上教学生解读、分析与欣赏新诗，只是给学生讲些知识与理论。因此，很多大学生不会细读文本，细品小诗。当他们走到语文教学岗位，面对一首新诗的时候，手足无措，不知道该怎么解读，不知道从哪里入手。

四、考试问题。多年来，中小学语文考试基本上回避新诗。试卷中的阅读理解题所选文章大部分是"心灵鸡汤"类的短文，因为这些短文很容易归纳主题思想，很容易找到标准答案。令人费解的是，语文考试极少鼓励学生写新诗，甚至还明确要求"诗歌除外"。这其实是语文教育自相矛盾的表现，也是语文考试片面性的证明。

以上几个问题都制约着新诗教育，导致语文教育不可能真正全面培养学生语言能力，并感受母语魅力，体验创造母语的快乐。

那么，新诗教育需要如何推进呢？

第一，让真正优秀的新诗走进语文教材，要显示诗歌教育的逻辑，还要体现新诗学习的规律，融入现代新诗的文化脉络和审美追求。比如说，小学语文教材，低年级可以选些精美的儿歌，中高年级可以多选些有趣的儿童诗，可以是优美的抒情诗，也可以是生动的童话诗，还可以是幽默的叙事诗。而初中语文教材可以适当选一些儿童诗、少年诗或青春气息浓郁的抒情诗。高中语文教材则可以多选"朦胧诗"和"后现代诗歌"等比较有深度的新诗。

第二，诗歌教学要提高，就要改进新诗的教法。新诗教法，不能简单地分段落讲述，归纳段落大意和中心思想。新诗教学要从新诗的语言技巧入手，让学生理解语言之美，领会诗歌的思想和情感。没有进入新诗语言的门槛，就难以体验新诗之美。新诗之美，美在语言，美在意象，美在思想，也美在新诗独特的艺术气质与现代追求。

第三,提高教师的诗歌素养。语文教师要想教好新诗,要把新诗之美展现给学生,真正引领学生进入诗意的空间,体验新诗之美,自己就得会读诗,善于解读新诗,能够把新诗里常用的修辞、独特的语言风格和新诗内在的节奏与情感转达给学生,还要学习一些基本的鉴赏与评论的方法,最好会写诗。

第四,改革考试形式和内容,让新诗进入语文试卷,让新诗阅读成为检验学生阅读理解能力的一个方式,让新诗写作成为检验学生写作能力的一部分。平常的作文课,也要尽可能让学生练习新诗欣赏与写作,让学生从新诗里找到语文之美之趣。

语文教育是人生的奠基,也是母语的奠基。新诗是现代文化的一部分,也是新文学最有活力的一部分。因此,让学生多读新诗,多学习优秀新诗,是亲近现代文化,走进现代文学,理解母语,感悟创造,体验诗意生活的过程。

新诗教育是语文教育的有机组成部分,语文教育不可缺失新诗教育。而新诗教育又可以推进语文教育迈向新的台阶。在此,呼吁语文教师提高对新诗的认识,也呼吁语文教育界人士重视新诗教育,多多探讨新诗教育与语文教育的关联问题。

推开语文之门：
语文教育小论

如何进行小学诗教

小学教材里有大量的诗，其中一部分是古诗，还有很大一部分是儿歌和童诗。尤其是小学低年级语文课本里，儿歌和童诗占的比例不小。这是所有语文老师需要注意的。

一、认识儿歌和儿童诗

儿歌和儿童诗在教材里这么重要，那么如何认识它们呢？现在不少语文老师缺乏对儿歌和儿童诗的认识，原因是多方面的，但不管怎样，我们要认识到以下几个问题，并想办法加以解决：

第一，大学中文专业和小学教育专业缺乏真正到位的儿童文学教育。尤其是具体的教学实践环节，缺乏对大学生的讲课能力的指导，大学生解读儿歌、儿童诗等儿童文学作品的基本能力不够。因此，学生毕业后，走上语文教育岗位,看到这些作品,没有什么感觉,不知道如何讲,不知道如何把它们的美感和价值呈现给孩子。因此,语文老师要加强自学,多读诗,学习诗歌知识。

第二,儿歌和儿童诗是不同的文体,它们虽然都可以算是诗,但有很大的区别,在写作上也有很大不同。语文老师要讲出它们的不同来,孩子们才能学会写作。要做好这一点,语文老师要多做一些优秀儿歌、儿童诗的鉴赏练习,让孩子们理解它们之间的不同,找到它们最有吸引力的特点。

第三,语文教学目标定位不准。讲解课文,到底应该怎么讲解?讲解什么?很多老师对这些问题的理解错了位。课文里什么最重要?很多老师也不太明白。孩子们学的语文,老师教的语文,自然包括语言和文学,语文给孩子们呈现语言、文字的魅力,而思想和感情又是通过美的形式来传达的。因此,学语文,要过的第一关,是感受文字之美,能品味到语言形式之美。第二关,是要学会创造文字。给孩子们读了儿歌,读了儿童诗,带他们领会了语言之美,他们就能模仿着写出来,这是一种文字的创造。第三关,是要通过文字来传递思想,传承智慧。但最终要解决这些,则需要孩子们能读善写。不爱读书,不会读书,不读好作品、好书，是写不好的。对文字没有感情的人，对文字没有信任感的人，对文字的美毫无觉察的人，是写不出美的、动人的文字的。

二、儿歌是能歌的诗，和儿童诗有相似之处

儿歌，也有人称为童谣，它也可以算是诗的一种，是能歌的诗，可听的诗。其实，一般来说，最好把传统的民间儿歌，称为童谣。而作家创作的则称为儿歌。现在国内有一批作家专心为孩子们写儿歌。儿歌一般是4行，也有的是8行，还有的行数更多，但一般在10行以内，儿歌讲究押韵。当然,传统的童谣里有的是"三字句""五字句"，即有些行里，是三个字或五个字。写儿歌一般要注意意象，有趣味。如望安的《五个胖娃娃》：

五支（原诗为"枝"）彩笔画呀画，

画出五个胖娃娃。

黄娃娃，

白娃娃，

黑娃娃，

红娃娃，

棕娃娃，

皮肤颜色不一样，

亲亲热热像一家。

这首儿歌里，就有5个三字句，共有9行。如鲁兵的《小刺猬理发》：

小刺猬，

去理发，

嚓嚓嚓，嚓嚓嚓，

理完头发瞧瞧他，

不是小刺猬，

是个小娃娃。

这首儿歌里也用了三字句、五字句。

三字句、五字句简短，适合朗诵，孩子容易理解。但儿歌最吸引孩子的还是它的意象之美和趣味性，它能引发孩子对自然与生活的联想、想象。如胡顺猷的《骆驼》：

骆驼，骆驼，

把山背着，

大山，小山，

一座一座。

一步，一步，

走在沙漠。

不怕热，不怕渴，

从早走到太阳落。

这首儿歌里，骆驼的意象很美，给人韧性、坚强之美。语言押韵，流畅，富有节奏美，朗读起来很有趣味，还适合孩子表演。语文老师在教课文里的儿歌时，要发掘儿歌里美和有趣的元素，从而启发孩子的想象力和编写儿歌的能力。

儿童诗，也是新诗的一个品种，站在儿童视角，适合儿童阅读。儿童诗写作要用孩子的眼光，要有儿童生活趣味，要有很美、很活泼的意象和语言。如张继楼的《瓜荫下》：

一棚树荫，一座瓜架，

藏着多少美妙的童话。

蜜蜂来看，蝴蝶来听，

小螳螂悄悄躲在瓜叶下。

知了听得入了迷，

停了歌唱，不再喧哗。

这首童诗语言很活泼，用的是拟人手法，意象鲜活，把读者带到了一个自然舒畅的情境里。写这首诗时,诗人显然是用孩子的眼光,而且他就像一个孩子一样在体验瓜棚下乘凉的惬意和乐趣。再如高璨的《风像邮递员》:

风像邮递员

把种子寄给冬天的大地

把树叶寄给寂寞的溪水

把明亮的太阳寄给蓝天

我请风回家

问她可不可以寄给我花香

风笑笑离开了

过了不久

我闻到了花香

由一棵开满鲜花的树上寄出

这里,风被拟人化了,她是个邮递员,但更是一位爱与美的天使,她把最美好的东西寄给别人,也把爱传递给孩子们。童诗的美妙之处,也在这里,它的美是很容易与孩子的生活体验结合起来的。因此,我们给孩子读儿童诗、讲儿童诗,一定要注意用儿童诗来唤醒审美意识,学会体验诗里的情境和乐趣。

有些儿童诗和儿歌有很多相似的地方，特别是诗行整齐的、简短的、押韵的儿童诗，更像儿歌。

三、如何选儿歌和童谣

家长和老师给孩子们选儿歌和童谣时，我觉得有几个方面值得注意：

1. 要选择语言通畅，适合朗诵的儿歌和童谣。不要过分强调它的教育内容，不要把阅读当作教育孩子的方式，要让好的儿歌、童谣在孩子们心中种下爱与美的种子。因此，诵读儿歌、童谣也是一种自然的、自由的交流方式。

2. 有些童谣和儿歌只是顺口溜，不要给孩子们读得太多。顺口溜好玩，但读多了，不利于孩子形成对纯正、朴素和优美的语言的认识。

3. 读儿歌、童谣是亲子阅读，因此，它更多的是给孩子一个爱的人文氛围，而不是我们所期待的语文教育。亲子阅读最有感染力的一点，就是孩子感觉父母是爱他的，阅读只是爱的形式而已。

儿歌、童谣是最初的语言启蒙，简单、纯正和趣味是最大的追求，最好的标准。

四、教师要学会写诗

我几次来到福建福清市实验小学,听过语文老师讲儿童诗,讲得很好。他们抓住儿童诗可以激发孩子们审美体验的特点,带领孩子从童诗里找到语言的趣味,找到美的意象,找到可以激发孩子想象力的情境。

这两年,在校长的支持下,福清市实验小学语文组的丁芳、曾建玲、陈碧霞等多位老师在小学低年级从事诗教,探索语文教学的新方法,激发孩子们的创造力,取得很好的成效。这次,我读了丁芳老师发来的二年级孩子们的诗歌习作,很喜欢,也很惊讶。

这些习作里,有的是儿歌,有的是儿童诗。绝大部分质量很高,充分展示了孩子们的想象力和创造力。如郑晗萱的《春雨》:"春雨是群小乖乖/夜里悄悄下起来/浇了禾苗浇花草/浇得草绿花儿开。"这首儿歌写得很好,语言押韵、流畅,适合朗读,而且春雨的意象很美,还很有趣味。林善雅的《春雨》:"轰隆隆/谁这么顽皮/重重地敲着门/像个顽皮的小男孩/惊得小草从土里探出头来/吓得梦中的小动物不情愿地睁开双眼/哦!原来是春雷在叩响春天的大门。"这首诗写得也很好,春雨不再是郑晗萱儿歌里的小乖乖了，而是一个顽皮男孩。孩子们在写的时候，抓住了春雨的不同特点，从各自的视角和感受出发，写出了不同的美感和趣味。令人欣慰的是，语文老师在指导孩子写儿歌、童诗时，做了很多工作，发现孩子的语言创造力，也激发了孩子的想象力，同时注意从生活出发，从观察大自然、感悟小生命的角度，来启发孩子，激活他们的潜能。因此，这一册儿歌、童诗集里佳作纷呈，令人惊喜连连。

丁芳老师写的儿童诗也很美，如《天空的孩子》："天空/有一群孩子/他们的名字叫星星/白天/他们躲在妈妈的怀里/睡大觉/晚上/他们睁大明亮的眼睛/听天空妈妈/讲故事。"这首诗很有趣味，以孩子的视角来观察夜空和星星，自然就有了孩子的生活情境。拟人手法虽然很常见，却使星空有了生命气息，变成了孩子的世界。写儿童诗要勤奋，更要用心，用童心，用智慧，用爱，写多了，内心就和孩子的心一样纯净，语言一流泻出来就和孩子的话一样动人。语文老师教孩子诗，要懂诗，最好会写诗。会写诗的语文老师，一定能教好孩子们写诗。

五、结语

写诗不难，诗人是可以锻炼和培养出来的。

很多人相信天赋，认为写诗是一种天才的行为。其实，天才也是勤学苦练出来的，没有一个人不读书，不读诗，不练笔，就成为文学大家的。

在小学开展诗教，语文老师带领孩子走进诗的世界，是一种很好的文字体验。爱读诗，会写诗，是素养，更是一种美的追求。

让儿童感受诗教的力量

近年来，儿童诗教越来越受到关注和重视。浙江、江苏、广东、重庆、上海等省市不少小学开展了各种儿童诗教活动。有的小学成立了儿童诗社，聘请诗人、作家指导孩子写诗；有的小学配备了专门的指导老师，一些老师不但自己写诗，还热心地向报刊推荐学生的诗歌和作文；有的小学编辑诗歌读本，或者校本诗歌教材，开展诗歌教育研讨，把诗教当作学校的办学特色。

我曾经应邀到浙江省苍南县灵溪二小、深圳市南山实验学校和青岛市江山路第一小学做讲座。灵溪二小的林乃聪老师就是专门辅导学生写作的一位老师，他在校领导的支持下，办诗社，办校刊《芦芽》，开诗歌辅导讲座，评选优秀诗歌作品，推荐学生的习作发表，还在学校建学生诗墙，把学生写的好诗一篇篇配图在诗墙上展示出来，做了很多有效的工作。他还把《诗刊》的编辑、著名儿童文学作家请到学校，举办各种写作讲座及朗诵比赛。宁波市北仑区实验小学校长郁旭峰专心于儿童诗教实践和研究，培养了很多学生，在各地报刊发表了不少学生作品，还出版了好几部学生诗歌作品集，北大教授谢冕就给他主编的学生诗集写序；蒋风教授曾多次应邀到该校做讲座，给孩子点评诗作；我也有幸给学生的诗集写序。青岛市江山路第一小学校长薛萍抓了多年的诗教，聘请王宜振、金本等名家来给老师和学生讲儿童诗。这些学校由于学生写作兴趣被激发，其他的文艺娱乐活动搞得也好，可以说诗教真正成了素质教育的催化剂。

由这些学校的儿童诗教活动，我想到了几个问题：一是教师的问题，二是学校的问题，三是整个小学教育的问题，四是儿童阅读大环境的问题。

儿童诗教对教师提出了高的要求。应该说，要搞诗教，要指导学生读诗、写诗，老师是要会写诗的，至少应该会欣赏诗，能够把诗歌的基本知识告诉学生，并且善于分析诗中语言、意象和意境之美，并引导学生读好诗，读中外经典的诗歌作品。做不到这一点，老师就很难发挥作用。现在诗教活动开展得好的学校，都有一批既懂诗也会写诗还很有热情的老师。

儿童诗教也需要学校重视，需要学校领导认识到诗教的价值与意义。如果单纯从应试教育来看，让孩子读诗、写诗，搞诗社和诗歌朗诵活动，当然不能直接对考试有利，但培养学生对文字世界的敏感，让学生从小学会审美，这对学生的情商、智商都是有熏陶与提升作用的。更关键的是，诗教还可以带动语文教学，使语文教学更活泼，更生动，更符合儿童心灵的发展。如果学校领导认识到了诗教与教育目标的一致性，从人力、物力上支持诗教活动，并调动起教师的积极性，那么儿童诗教就会在一所学校成功，而由诗歌播种的爱与美也会在学生心田里开出鲜艳芳香的花朵。

儿童诗教与整个小学教育是分不开的，是小学教育的有机组成部分。教育不仅仅是课内的，还是课外的；教育不单单是知识的，还是文化的。只要对学生的成长起了作用，就有价值，就值得持之以恒。小学教育的相关部门不可轻视儿童诗教的力量与价值。

从儿童阅读大环境来看，儿童诗教也有助于儿童阅读文化的建构。一般来说，一位小学生如果爱读诗，爱写诗，他的阅读能力会相对高一些，也会带动其他课程学习。

第三辑
儿童诗教小论

我曾指导过天津小学生张牧笛和河北廊坊的小学生陈曦写诗。她们从小学五年级开始阅读大量的中外文学经典，初中和高中学习都很优秀，而且高中阶段都出版了好几册发行量很高的作品集。后来，张牧笛考上了中央戏剧学院戏剧文学系，陈曦考上了天津师范大学文学院。优秀的诗歌，都是语言的精华，是文学最优雅的部分。因此，爱读诗、会写诗的人越多，社会的阅读空气就越浓，儿童阅读的内涵就越丰富。儿童不能只从电视网络里获取信息，还要从优秀的诗歌里汲取文化营养。读好诗，往往是读好书的第一步。

  翻开教育的历史，我国古代的启蒙教育，大部分是以诗歌的形式来进行的。而五四时期的语文教育，也较多借助诗歌。当前中小学语文教材也包含大量的诗。这些都告诉我们，儿童诗教其实是一个传统，我们今天还需要用优秀的诗歌来对儿童进行语言的启蒙、审美的熏陶、情感的培养、人格的升华和思想的教育。相信儿童诗教会得到更多人的肯定和参与，相信诗歌的种子会在很多儿童的心田发出鲜嫩的春芽！

儿童诗教是语文教育的有机组成部分

儿童诗教，即儿童诗歌教育，主要是通过诗歌文本对中小学生进行阅读熏陶与语文教育，包括让儿童阅读与学习古诗词，也包括让儿童阅读与学习儿歌、现代诗，尤其是现代儿童诗。目前来看，中小学生缺乏现代儿童诗的阅读与学习，因此，需要大力倡导语文老师给学生读现代儿童诗，讲现代儿童诗。

广州市黄埔区教育局教研中心的曹利娟老师发来短信，请我给他们编选的《教师诗歌论文集》《诗歌教学设计集》和《学生诗歌作品选》写一个序言。这三册集子是黄埔区小学诗歌教学的结晶，也见证了黄埔区教育教研中心在语文教育教学上的成效。黄埔区小学语文教师深耕语文课，引导学生阅读现代儿童诗，指导学生创作现代儿童诗，把学生引领到一个更为广阔的语文世界。

那么，现代儿童诗的教育从哪几个方面入手呢？下面我来谈几点看法：

第一，要挑选适合儿童阅读，也能激发儿童学诗兴趣的诗给学生阅读。古诗词诵读是可以的，还要选择一些优秀的，有儿童趣味、贴近儿童心理的，并能激发学生想象力的儿童诗。五四时期以来，中国涌现出不少优秀的儿童诗，叶圣陶、冰心、冯至、朱自清、郭沫若、艾青等都写过优秀的儿童诗。此外，金波、王宜振、尹世霖等儿童诗诗人也创作并出版了一些儿童诗集。

第二，要把诗歌当诗歌来读、来教。现在很多语文课上，老师讲诗歌，包括现代儿童诗时，不是把它们当诗来读的，而只是挖掘其主题内涵，不对诗歌的语言之美进行解读，不激发学生从形式上找到表达情感和思想的窍门。诗歌有诗歌之美，诗歌之美主要不在内容，而在形式（音乐美、建筑美、节奏美、格律美、修辞美等）。也就是说，诗歌之所以为诗歌，是因为它有与小说、童话、散文等作品不一样的形式，不一样的修辞，不一样的语言技巧，不一样的文字组装的模式和不一样的想象世界。所有的文学艺术作品都可以表现、反映或包含相同的思想内涵，但不同的文学艺术作品之所以迷人，是因为它们形式独特。因此，在语文课上，老师要告诉学生：每一个杰出的诗人和作家，都是文体家，都用独特的形式表现了基本内涵与主题。

第三，现代儿童诗的教育教学可以有多种形式。一是鼓励学生课外阅读优秀的儿童诗，让他们体味儿童诗之美之趣，感悟一些儿童诗写作的奥妙。二是课堂上可以结合课文挑一些有趣美妙的儿童诗，加入儿童诗阅读与欣赏的环节。这也需要语文老师有信心，不要担心这样会影响学生上语文课，也不要害怕自己把握不好诗歌教学的尺度。其实，把优秀的儿童诗呈现给学生，就会发挥正面的作用。三是开设专题的儿童诗欣赏与阅读分享课。这种课，语文老师要在有大量的儿童诗阅读基础上，挑选一些适合学生阅读，并能激发他们兴趣的佳作，组织教案，进行课堂学习。儿童诗阅读课，应该立足于学生的自主阅读，充分发挥他们的理解力，激发他们对儿童诗的兴趣。因此，课堂上，选几首优秀儿童诗，让学生欣赏，让他们表达自己的观点，鼓励他们寻找儿童诗的语言特点、表达的技巧和修辞，同时，鼓励学生分享自己的发现，尝试运用诗歌的修辞和技巧写小诗。四是组织儿童诗朗诵会，或者组织诗歌写作比赛，激发学生读诗、写诗的积极性。

第四，把儿童诗歌教育看成语文教育教学的重要一环，不要轻视诗歌的教与学。语文老师对诗歌、散文、小说等任何一个文体的轻视与忽视，都会给学生带来暗示：某某文体不重要，不需要好好学习。要知道，中小学语文课文中有多种文体，需要认真对待。现在流行一个词，叫"大语文"，而且把"大语文"看成一个大箩子，恨不得把历史、地理、生物、政治、科学等学科的知识都塞进去。结果呢？语文变了味，教师无所适从，语文教育教学的目标越来越大，越来越模糊，学生对语文学习越来越缺乏兴趣。

"中国儿童阅读提升计划"项目在多所项目实验学校开展得有声有色。实验学校的语文老师不再害怕诗歌教学，而且还主动开设了诗歌读写结合课、儿童诗阅读课等课程，以自信的姿态，刷新了传统语文教育教学模式。这也证明，儿童诗教是可以做得很好的，只要我们把它当作语文教育的重要部分，只要语文老师愿意去尝试，去实践。

领略意象美，诗教的第一个入口

应西南大学荣维东教授的邀请，我有幸到深圳宝安区参加薪火计划语文教育指导活动，并与荣教授、特级教师倪岗一起聆听几堂语文公开课。张淼老师给八年级学生讲授的《写我人生诗——从寻找一个新奇的喻体开始》，是一堂诗歌教学课，让我印象深刻。语文课上，给学生讲诗是最难的。考验一位语文教师的真功夫，一堂诗歌教学课就见分晓。当然，给学生教诗歌写作，那就更难了，这是语文教学的硬功夫。大家知道，作文课教学比语文课文讲解要难，而诗歌写作课是难上加难。

中考、高考作文一般不要求写作诗歌。仔细分析，无非有三个原因：一是作文教学一般只教记叙文、议论文、说明文这三种文体，不教诗歌写作，如果中考、高考的作文题可以写诗，就溢出了作文教学目标。作文课不教诗歌写作，会写诗的学生偏少，如果考试鼓励写诗，无疑只对会写诗的少数学生有利。二是语文教师爱读诗也会写诗的人很少，如果学生的考试作文写的是诗，语文教师没法评价和批改。这当然与大学的中文教育有关，因为大学里中文系虽然也有与诗歌有关的课程，但如何鉴赏诗歌、创作诗歌的课程是极少的，所以中文系的学生毕业到了语文教育岗位，自然就缺失了诗歌鉴赏和创作的能力。三是诗歌写作很难形成统一的标准，孰优孰劣，批改和评审时不好给出大家都认可的分数；但写记叙文、议论文是很容易评判优劣的，容易形成共识。所以中考、高考的作文题通常会要求"文体不限，诗歌除外"。

以上也是语文课忽视诗歌写作的原因。因此，这堂课张淼老师能够上完，且能吸引学生，并能在一定程度上激发学生对诗歌的认识、对诗歌写作的兴趣，就是成功的。因此，首先要给张淼老师的诗歌写作课点赞。其次，我想说两点我对这堂课的感受或建议：

第一，这堂课带着明显的创意写作课程的特点。张淼老师参考了一本书《写我人生诗》，这是网络诗歌写作教学专家塞琪·科恩的一本诗歌创意教学的著作。这本书是从自身经验出发来谈诗歌写作的，实践性、创意性强，因此被当作创意写作教材。张淼老师从这本书中得到了诗歌写作教学的灵感，选择了诗歌写作最关键的一环——选取意象，营造最美意象来展开教学。这是很值得肯定的。因为，认识意象，领略意象之美，不但是诗歌写作的最关键一步，也是诗歌鉴赏最重要的环节。张淼老师在课堂上，没有用"意象"这个词，其实她说的"新奇的喻体"，就是诗歌的"意象"。看到身边或生活中某一个物件，花草虫鱼，或者看到某个人，如果觉得美，都会产生联想，把它想象成一个美的形象——这就是"新奇的喻体"。一般来说，诗歌写作里最常见的意象营造手法，就是联想，就是比喻。如：读俳句（日本短诗的一种），就像吃一串小葡萄。这就是一个比喻句，本体是"俳句"，喻体是"小葡萄"。这也是联想的一种。再如：喜悦像一朵美丽的花，尽情地绽放。这是一个比喻句，本体是"喜悦"，喻体是"花朵"。这也是联想。但这里的联想更显得新奇，因为把人的"喜悦"比喻成了"花朵"，由虚到实，很有意思。这就是意象建构的方式。当我们通过联想，使"喜悦"变成了"花朵"，也就建构了一个"花朵"的富有美感的意象。因此，张淼老师提出的寻找"新奇的喻体"，其实就是寻找诗歌的美的意象。诗歌写作课上，不妨先拿出一两首意象比较美的名诗，让学生认识意象，寻找名诗里的意象，然后给他们一些生活中的物件或景物，让他们产生联想，做想象力的训练。张淼老师的诗歌写作课堂上，给了学生展开想象的机会。学生理解了什么是喻体，也学会了寻找新奇的喻体。这已经达到了认识意象并建构美的意象的实际效果。

不过，需要补充的是，诗歌创意写作课通常采用工坊制教学。塞琪·科恩的《写我人生诗》是网络课程的记录，是一个人面对听众或读者谈诗歌写作，缺乏互动性和实操性。这本书适合诗歌写作爱好者读，对创意写作教学并不具有很好的参考价值。张淼老师的诗歌写作课接近工坊制教学了，只是内容还可以压缩一点，两节课，就针对一两首诗歌实例，认识喻体，然后让学生进行寻找新奇喻体的训练，在课堂上师生互相评点，互相补充，最后，每一个人通过寻找新奇的喻体，写一首具有意象美的短诗。

第二，这是一堂循序渐进的诗歌写作课。张淼老师这堂课实际上分为三个阶段：一是把学生带入情境。她先让学生感受生活里的诗意，认识喻体。二是引导学生去寻找新奇的喻体，这一阶段是写作实训。三是让学生诗意地描述情绪。这样的内容设计很好，但在两个小时内很难把几十个学生全部带入诗歌情境里，感受诗之美，领略诗的魅力。因此，课堂程序可以简化成两部分：先认识喻体，发现新奇的喻体。接着，寻找新奇的喻体，学会写意象诗。这样，过程简化了，目标集中了，教师和学生之间、学生和学生之间的互动交流就多了。在轻松自由的情境里，学生的诗歌写作灵感很容易被激发，达到思维训练的效果。创意写作有一个重要的概念，就是"潜能激发"。课堂教学也讲究潜能激发。诗歌写作教学尤其要重视潜能激发，给学生更多的时间和机会来展开想象，表达内心，实现他们以新奇、鲜美的意象来表达情感、思想的目的和愿望。因此，建议张淼老师把诗歌写作课设计成几个步骤，每次课只完成一个步骤，实现一个小目标。

总而言之，初中生诗歌写作教学难度大。张淼老师这一堂诗歌写作课不只是尝试，更是一次勇敢的挑战，她挑战自我，也挑战了有难度的语文教学。这是值得嘉许的。从她的诗歌写作课，我也学到了很多。她热爱诗歌，富有灵性的内心，感染着学生，也启迪着学生。有一颗诗心，可以带动很多颗诗心，诗心碰撞，就会产生美的诗，迷人的诗。爱读诗、会写诗的语文教师都应像张淼老师一样，和学生一起"写我人生诗"。

第四辑
CHAPTER 4

作文教学小论

推开语文之门：
语文教育小论

理解作文的三个关键词

作文怎么教一直是语文教育的难点，也是语文教师的痛点。

几年前去广州参加一场语文教育活动，一位语文教研员曾经说过一句令人沮丧但又引人深思的话："教不好作文，就不算合格的语文老师。"但是，又有多少语文教师敢自信地说"我会教作文"？

其实，作文不难教，难的是改变传统的作文教法。过去我们对作文的理解有一些偏差。比如，很多人认为作文重在思维训练，其实，所有的课程都有思维训练，但作文主要不是训练思维，而是培养学生对语言文字的敏感性。没有对语言文字的敏感性，怎么会善于表达呢？当学生发现了有趣的人和事，发现了美的东西，有了想法，就能及时用恰当的语言文字准确或生动地表达出来，这就是敏感性。因此，语文教学要培养学生对美的、有感染力的词语、句子的敏感度，尤其是对美的修辞的认识和理解。

此外，过去作文的具体教法也不对。不少语文教师把作文当成一个知识模式，喜欢讲知识，把作文当成课文一样去教，讲得多，不注重写作训练，也不注重过程的跟踪，更不给学生修改的机会。语文教师一般只布置作文题目，学生写完后，直接给予评价。教师在作文教学中，也过分强调主题思想的表达，不重视语言游戏和作文形式的模仿与创新。

其实，教作文，要理解好三个关键词：模仿、激发和创造。

所谓模仿，对作文教学来说就是模仿各种文体。语文教材中有儿歌、儿童诗、散文、童话、寓言、古诗词等多种文体，教师首先可以让学生模仿课文写作。把课文模仿好了，也就理解了课文。然后，再找一些优美、有趣、富有思想的诗、散文、童话和寓言故事，让学生阅读、感受和模仿。

所谓激发，就是要激发学生对语文的兴趣，激发学生爱读想写，去用文字表达。当然，激发是在模仿的基础上，让学生感受和理解所模仿的文字，再发现自己，找到自己最喜爱的表达方式。模仿的对象的品质越高，就越可能激发学生对写作的兴趣。

所谓创造，就是在模仿的基础上，文字表达比较熟练了，而且对语文的兴趣也被激发起来了，再去创造。在某种程度上，真正的作文就是经过标准的文字的模仿，自我激发后的创造力生成的。

在作文教学中，模仿、激发和创造之间的关系是什么呢？作文中的模仿就是学习写作成规，理解一个文体的基本组装机制和模式，学习通行的规范的文字表达方式。创造就是在熟悉成规的基础上突破成规，建立自己的语言标准，形成个性化的表达方式，建立一个能让文字更具有新鲜度和表现力的模式。不难看出，激发在模仿和创造中起到的是中介作用。

作文是文字的创造，它是有基本规律的。只有认识到位，才能通过切实的实践，形成有效的方法论。作文教学抓住了模仿、激发和创造这三个关键词，就不会偏离正常的轨道了。

理解作文的三个层面

小学和中学的作文是一种基础性的文字训练，因此和文学写作不一样，要求和目标也有所不同。很多人忽视了这一点，因此出现了两种对作文的态度：第一，把作文和文学写作完全区分开来，认为作文和文学写作不是一回事。于是，作文就变成了记叙文、议论文和说明文三种"作文体"的重复性写作。第二，把作文和文学写作混淆起来，认为作文就是文学写作，因而提高作文要求，用很高的标准来衡量学生的作文。

的确，作文是一种基础写作，是学生在小学、中学阶段一种基本的文字组装训练，其基本目标就是让学生学会用词造句，并运用逻辑思维来组装篇章，形成书面表达，并学会记叙、议论和说明，学会记录和表达。不过，近十几年的中考作文题和高考作文题大多是材料作文，即便是命题作文，也多为观点作文、说理作文，于是，很多中学语文教师就把作文的教学重点放在了议论文写作上。

事实上，初中生和高中生作文都应该落实到写作三个层面：一是记录，二是表达，三是创造。

所谓记录，就是把事实和信息记录下来，比如，可以记录一天的学习和生活，可以记录一门课程的学习，可以记录一堂课，可以记录一次会议，可以记录一次比赛，可以记录一次郊游，还可以记录一次阅读……记录的重点在于对信息的记录，有助于还原事实，与人准确地分享所记录的事实和信息。记录讲究准确清晰，也要注意客观冷静，不能凭空想象，更不能无中生有，即，记录求真，记录就是真实的叙事和描述。

所谓表达，就是把自己想要说的话说出来，更多的是作者的情感、情绪、观点、思想和审美意识，是作者对读者说出自己的想法，表达自己的情绪和情感，并传递自己的思想，显示自己的审美观和价值观的过程。如果说，记录是对客观世界的再现，那么表达则主要是对主观世界的表现。一篇作文，不但要有真实的事实和信息，而且要有主观情感和思想，这是作文既真实又动人的一个原因。小学作文也好，中学作文也好，都要包含记录和表达。只要作文包含了这两个基本的层面，那就基本完成了作文的目标。但优秀的作文，尤其是真正意义上的写作，一定要上升到创造这个层面。只有记录、表达，而缺乏创造的作文，就不会有作者的个性和语言的风格，也无法显示作者的文字智慧。

那么，什么是创造呢？对写作来说，创造意味着三个方面：一是语言形式的创造，即运用恰当的修辞把句子写得漂亮一些，优美一些，让语言更符合人的情感、观念和思想的表达。读优秀的文学作品，无论是诗歌、散文，还是小说和戏剧，都会发现它们在修辞方面各有风格，恰到好处。二是文体形式的创造。相同的情感和思想，可以用不同的文体形式来表达，有的人善于用诗来表达自己的情感，有的人选择用故事或童话来表达自己的情感。诗歌、散文、童话、小说和寓言这些文体都可以承载人的情感和思想，表现人的审美观念。每个优秀的作家都会选择最适合表达自己情感、思想和审美观念的文体进行创作，赢得读者的青睐。三是意义的创造。无论是写诗歌、散文，还是写故事、小小说，都要创造意义。所谓意义的创造，就是表达作者独特的观点和看法，独特的见解和思想，独特的审美观念和价值观，等等。创造体现独特性，展示作者的个性，因此意义的创造里包含了作者的个性人格，显示了作者对生活与世界的理解。作文作为一种基础性的写作，本身受到字数的限制，学生不可能在600字或800字的作文里全面记录和尽情表达。作文虽短小，虽有篇幅的限制，但也有它的灵活性和可以发挥的空间，因此作文也要求尽量显示个性，表现理解力与创造力。

也就是说，作文虽然不像文学写作那么独特和高深，但优秀的作文依然要面对记录、表达和创造这三个层次的问题。作文不但要记录，而且还要有表达，最好体现创造性，而且作文这种基础的文字训练就是要逐步把学生从记录、表达引导到文字的创造上来，因此，作文虽然不可和文学创作相提并论，但它的创造力培养目标指向却是与文学创作一样的。理解了作文的这一点，就知道如何进行作文训练了。在小学和初中阶段，自然要多训练记录，因此作文要和生活结合起来，要与自身的经验结合起来，记录和讲述身边的人和事，自己亲身的经历和体验。在此基础上，学会表达，并把记录和表达结合起来，渐渐地领悟文字创造的奥秘。

我也多次提到过，理解作文，认识作文，是写好作文的前提。记录、表达和创造是作文的要义，也是文学写作的要义。有了这个认识,加上多多进行实践训练,就能写出好作文。而写作文从记录、表达和创造这三个层面出发,其目标是很容易实现的。这也让我们理解了即便创意写作提倡的不是人人都要成为作家,但也要告诉所有学生:人人都可以成为作家。

推开语文之门：
语文教育小论

如何理解并实施创意作文教学

近年，创意作文的提法越来越多，不少语文老师都喜欢"创意作文"这个词语。我好奇地做了一些调研和了解，也听过不少所谓的"创意作文"公开课。其实，这些课还是传统的作文课，还是写记叙文、议论文、说明文，还是强调遣词、造句、立意、构思、谋篇、布局、主题升华等技巧，强调读范文，熟练引用名家名言、古诗词等。这种作文法，当然有一定效果。学生只要配合就会取得一定的写作效果，但长期来看，它还是老一套，会让学生产生厌倦情绪，难以形成创造力，尤其缺乏对语言潜能、想象力和创造力的激发。

其实，创意写作就是创造性的写作，是充分释放写作者的自由，并在激发潜能的基础上进行的文字创造。创意写作求新，要突破常规，它不是主题写作，不是命题作文，也不是模式作文。

因此,对创意作文的理解,我们要建立在对创意写作理解的基础上。理解了创意写作,就等于理解了创意作文。那怎么理解创意作文呢?什么样的作文才算是创意作文呢?我们先来看看传统的作文。

传统的作文,就是记叙文、议论文和说明文三种类型。教师教作文,一般采用示范作文教学,即拿出一篇示范作文,通过讲解其特点和长处,让学生了解作文的规范和形式。示范作文一般符合"凤头、猪肚、豹尾"的特点。记叙文一般要写"好人好事",很少强调学生对生活的认识与理解;议论文要表达正确观点和升华主题,论证时要以名人语录和名家故事来做论据;说明文则是对某一个事物的特征的描述,变成了介绍性的应用写作。传统的作文考试,一般也是有模式的。中考作文和高考作文一般是材料作文,即根据一则给定的材料,来写表达观点、讲道理的作文。这种考试方式一个最大的好处,就是便于评分,具有可操作性。但几十年来的语文教育教学证明,传统的作文教学效果总体比较差,到现在,无论是家长,还是社会,甚至是语文教师自己,对传统的作文教育教学都无可奈何,或很不满意。有两点是人所共知的:第一,几乎没有语文

推开语文之门：
语文教育小论

老师能自信地说"我能教好作文"；第二，大部分学生在初高中甚至小学阶段就失去了对作文的兴趣，而且也失去了对语文的兴趣。因此，传统的作文教学不是优质语文的一部分，与语文教育所承担的母语文化传承的使命不匹配，应该改革并使之更加适合中小学生能力的培养、个性的发展和人格的提升。

那么，传统作文怎么才能变成创意作文呢？记叙文、议论文、说明文的写作一直被当作模式作文，且语文教育教学的整套设计在目前的机制里无法被其他方案替换，因此，我们应该正视现实，将传统的作文教学朝着创意写作的方向改良和变革。

首先，要定准记叙文、议论文和说明文三种作文的教学目标，设计好作文教学的层次。比如，记叙文，就是教学生讲故事，当然，讲故事就要写人，写事。

怎么讲故事？第一要讲一个完整的故事，第二要把故事讲生动、有趣、感人。此外，还要尽量讲别人不知道的故事，只有别人不知道的故事，才能满足读者的好奇心，才能更好地显示作者讲故事的能力。因此，记叙文的教学要分两个层次：第一个层次是完整地讲一个故事，第二个层次是讲一个生动、有趣、感人的故事。由第一个层次到第二个层次,又可以分解成几个目标:A.写好一个故事框架,B.设计一个故事场景,C.设计人物关系,D.描述人物的外貌和心理,E.叙述故事发生的过程,F.描述故事发生的影响,G.增加故事的情节,等等。这些目标,可以一个一个训练完成。因此,语文教师每一次教记叙文时,并不一定要求学生写一篇完整的、成熟的、符合语文老师标准的记叙文,而要通过不同目标的实现,来分层完成教学任务,使学生在符合写作的规律和基础上,完成记叙文这种文体的写作。对议论文来说,其教学目标就是清晰地、有条理地表达或阐述自己的观点。议论文写作也有两个层次:第一个层次是清晰明白地表达观点,第二个层次是说理。初学议论文写作时,主要练习观点的表达,当学生能够清楚明白地把观点和看法表达出来时,就完成了第一个层次的目标。第二个层次要让学生明白,说理就意味着一旦表达了自己的观点,就要想办法让人信服。这就需要拿论据来论证,要讲逻辑,要把合理性呈现出来,不然的话,表达的观点就给人主观臆断的感觉。一旦说服了别人,就是说理的成功。所以,议论文写作的教学要体现两个层次,要有阶梯性,要设计每一个层次的小目标,最终达到能写出说理的文章。

其次，让作文教学回归生活并与生命经验对接起来。创意写作之所以可行，之所以能够迅速为人接受，是因为它尊重生命，相信人人都有创造力，它是对学生潜能的激发，对学生个性的发展，对文字创造力的肯定。语文教育的核心目标，就是阅读能力和写作能力。前者是文字的理解力，后者是文字的创造力。读多了，尤其是阅读经典作品，不但可以增强文字感受力、感悟力，而且能培养语言的敏感性，这对文字的创造力的形成是至关重要的。因此，写记叙文，应该从学生的生活出发，从学生的经验出发，尊重学生的个性，鼓励他们写自己看到的、想到的、感受到的，也愿意去写的。写议论文，应该鼓励学生去思考、去判断、去倾诉、去评价、去质疑、去追问，从而唤醒他们对生活的感悟和理解，激发他们的生命潜能，激活他们的创造力和表达欲。创意作文，就是要把写作的自由还给学生，让他们释放自我，自主表达，实现语言学习、文字表达与文学创造的自主化。

再次，做好创意作文还要改变现有的语文课堂教学和作文教学模式。现有的语文课都是教师抓住一个特定的"主题"来教，无论是教材的单元设计，还是课题的内涵设计，都是主题先行。语文课其实就是"主题阅读课"，是教师根据特定的主题来给学生讲解课文，而讲解内容表面看包括了字词句段篇，实际上是对主题的诠释和强化。因此，我们应该让语文课堂和作文课堂回到它本来的位置上去，变成美的文字欣赏和创造的课堂。语文教材和课堂都应该以"美"为原点，以语言启蒙、审美熏陶、想象力张扬和创造力激发为方向，以读写能力的培养为目标。没有读，就没有写。没有美的文学熏陶，就没有美的文学创造。因此，学生要品读最能展示母语魅力的古今诗文，要理解最能反映人的审美创造的经典著作，要写出最能反映内心又能释放情感，还能展示生活经验和创造美的欲望的文字。

最后，做好创意作文教学还需要改变教学方式和课题组织模式。前已提及，传统的作文教学，一般是采用教师先讲解作文要求，然后，把示范作文拿出来展示、朗读或讲解，最后，布置作文题目，让学生去写。这样一来，作文课堂就缺乏写作练习环节。由于课堂里没有写作练习，教师要完全占有课堂的时间，其实也是给自己出了难题。而把作文练习交给学生课后在家里完成，不但要占用学生休息时间，而且给家庭作业增加了负担。创意作文教学的课堂不应如此死板，应该设计写作训练或练习环节，让每一堂作文课都能实现一个小目标。因此，要采用创意写作这个最常用也最有课堂实效的工坊制教学方式。创意作文的工坊制，和以创意文案与文学创作为主要目标的创意写作有所不同。创意写作的工坊制主要包括两类：一是诗歌工坊，二是故事工坊。故事工坊又可以包括虚构故事工坊和非虚构故事工坊。创意写作工坊的每一次课堂教学，是完成诗歌创意写作或故事创意写作的一个小目标；创意作文工坊的每一次课堂教学，是在完成记叙文、议论文和说明文等文体写作的基础目标外，再完成诗歌、童话、寓言等提高性写作的目标。因此，创意作文的工坊制教学的层次要定准，内容和目标要定准，这样才好操作，才能体现科学性、逻辑性和合理性。比如，三年级开始的创意作文和四、五年级的创意作文是不一样的，它的层次、目标和内容是不一样的，作文的字数要求、文体的延展性也不同。因此工坊制教学要体现这些差异和阶梯性，教师才能循序渐进地有效推进。另外，在提高性目标的完成过程中，三、四年级和五、六年级的具体写作要求也有不同。这些都要科学设计，要体现层次，让学生既可以按部就班地顺利练习，又可以保持写作的兴趣，并提高他们的创造力。

当然，以上几个方面说起来容易，对长期习惯于传统语文教育和作文教学模式的教师来说，无疑是有难度的，因为这相当于让语文教师完全放弃了原来的教学思维和方式，也相当于让语文教师完全转换了教育角色。这是一次真正的革命，本身也是一次真正的教育身份的重塑与创造。但语文教育教学的历史和现实经验告诉大家，传统的那一套的确难以为继了。因此，要敢于面对现实，解决问题，突破困境。当然，语文教育的大环境也变了，文化创意成为社会风尚，美好生活变成时代追求。由传统作文到创意作文，不应该只是语文教育的变革，更是社会大环境的驱动和人对自由意志与主体精神的诉求。

谈高考作文的重要性

2023年高考前,我在自媒体上看到有人预测2023年高考的变化。这篇短文预测了四个变化:一是2023年高考人数会再创新高,二是卷面成绩的变化,三是选科的变化,四是高考的难度会增加。

第一个预测并不见得就有必要,因为高考人数的变化是和生育率相对应的,这一年高中生多,高考自然就激烈一些。但依我个人的看法,高考的激烈度和高考人数多少并不完全相关,因为国内双一流高校每年的招生规模基本是不变的,或者变化很小,因此真正的竞争是学习成绩好的、全面发展的那一部分学生之间的竞争。而北大、清华两校的录取只属于少数顶尖的学生之间的竞争,对绝大部分考生来说,他们能选择的就是尽量考上比较好的一本院校,因此需要务实地看待高考,认真地去准备,做到尽量往上追，在考场上考出最好的水平。

第二个预测也是常态问题。每年的试卷和题目都会变，具体来说，语文试卷的内容是在逐渐增加的，卷面字数增加，意味着读题的时间要增加，这就需要考生的读题能力和速度要跟上。另外，高考越来越重视对整本书阅读能力的检测，那么对新教材规定的名著的阅读就要加以重视，学生最好是认真阅读并理解其主旨、主题、人物和故事，并能提炼一些看法。此外，根据2017年版（2020年修订）高中语文课程标准，背诵的篇目增加了，需要平时下真功夫，不然是很难掌握的。还需要注意的是，语文考试开始注重把语文学习和生活结合，因此从阅读理解题到作文题，都有打通学习和生活的趋势，这也是思维和观念的转变。对这一点，我在一些高考作文讲座和几篇关于高考作文的短文里都强调过，高考作文与生活结合，与现实结合，还考查学生对人生、对生活、对世界的认识与理解，考查学生对当下和大时代的认识与理解。

第三个和第四个变化是非常值得家长和学生注意的。选科是很有技巧的，我大女儿高考也因为选科吃了亏，但因为她本人底子不错，加上也很努力，所以最终录取的高校还是很好的。很多家长、老师和学生为了得高分，会回避"物化生"三门比较难的学科，但这其实会对学生的录取和以后的专业发展造成极大影响，需要谨慎对待，科学决策。前些年，江苏考生因为选科问题，很少有高分考生被北大录取，就是因为这些考生回避了物理这门学科。当然，高考难度的增加并不可怕，要难大家都会难的。不过，从作文来看，高考作文的难度并没有明显增加，但出题会越来越巧妙，而且会更加紧密结合时代主题和新的社会现象与大的国际趋势，对考生的观察力、理解力和思考力要求更高了。如果学生平常只死记硬背，不善于观察社会，不了解时事，也不了解国内外局势，那对一些问题的看法就会不到位，作文就很难提升。学生适当关注时事，多读时评，会使作文思维有很大转变，丰富写作素材。

那么，如何理解高考作文？高考语文中，作文的占分比例是很高的，整张试卷150分，大部分省市自治区的作文题都占了60分，可见对作文的重视。高考语文卷面内容分为三部分：一是基础知识，二是阅读理解，三是作文。基础知识靠平时的积累，尤其是对必修课文要非常熟悉，对规定的背诵内容也要非常熟练，这样才不会丢太多分。阅读理解题大体考查两方面内容：一是对字面意义的抓取，二是对文字背后意义的理解。对字面意义抓取的考查，答案要准确，靠的是平时多积累，并且能快速抓取字面意义和信息。对文字背后意义的理解，需要考生通过对整篇文章的分析和归纳，总结提炼出文章聚焦的点和所表达的内涵，这样才能抓住核心问题，准确答题。对学生来说，高考作文成绩的提高需要从三个方面着手：一是分析历届高考高分作文，找到文字表达的一些技巧和规律；二是真正理解高考作文题的材料，从材料里挖掘最重要的问题，看透出题人的意图，然后拟一个符合材料内涵的题目，再来从容表达，写出优质的作文；三是要多写多练，文字训练是最基本的一环，是硬功夫。没有自觉的训练，别人的教育和帮助都是没有意义的。

从近几年高考作文题来看，高考作文大体有三个趋势：一是以材料作文为主，理解材料及出题人选择材料的意图，从材料中提炼问题，找到最佳作文题目，是语文学习和作文训练的一个重点。二是高考作文不再为写作而写作，而是把语言表达能力与对生活、社会、自然和世界的理解结合起来，考查考生的人生观、价值观和世界观。三是大作文和小作文结合。比如，北京市高考作文就有大作文和"微作文"的出题法，这是很科学也很讲人性的出题方式。如果大作文和小作文，一个侧重写现实，一个侧重写幻想，那就非常好。我个人认为以后的高考作文出题，不妨出两个题，让考生任选一题，或者出三个题目，让考生选取两个：写一个大作文，写一个小作文。这样会更加符合考生的心理需求，也是高考作文的出题科学性与灵活性的提升。

总之，高考作文是非常重要的。高考作文不但有助于训练学生的语言表达能力，还能提升学生了解社会的能力。当然，高考作文也是语文教育的一个重要指向和目标，它直接决定语文教育的质量及其可持续发展。

如何培养学生讲故事的能力

读了王旭明老师写的《讲好中国故事先要讲好自己的故事》，很有感触。这里，我也从教师的角度谈谈语文教学与讲故事能力的问题。

一、作文课与讲故事的能力

现在，社会上对语文教学有很多看法，对语文教育也有很多期待。在一些中小学做讲座，与语文老师交流，我发现有些老师对语文教学的目标认识不到位，甚至对课标的理解有偏差。语文的能力有两点：一是阅读能力，二是写作能力。也就是说，语文教学目标简单地说，就是要让学生能读善写。而写作能力中，讲故事的能力是很重要的一环。

语文课堂中的作文课通常要求学生写记叙文、议论文和说明文。具体地说，记叙文就是要让学生讲故事，培养学生能够生动地讲述故事的能力；议论文就是要让学生阐述观点，培养学生清晰地阐述自己观点和看法的能力；说明文就是要让学生描述事物，培养学生准确地描述事物的能力。讲故事的能力尤其重要。人类进程很漫长，社会生活很复杂，人类的文明创造也很丰富，这些都需要故事来传达和表现。会讲故事，才能更明确地阐述观点，更准确地描述事物，才能传承几千年的文明和智慧，实现人与人之间的交流和互动，更加富有情趣地生活。

不少语文老师不能很通透地理解三种"作文体"的价值，只是看到了"作文体"的模式化表象，因此，教起作文来，总是那一套传统的立意、构思、选材、升华主题之类的方法。就记叙文写作而言，就是要讲故事，就是要培养学生讲故事的能力。如何讲故事，如何把故事讲得生动有趣，是语文老师需要教给学生的。

二、什么是故事及故事的类型

有些文学理论书把故事与小说等区别开来定义，认为故事是扁平的叙事，而小说是圆形的叙事；故事是通俗的，而小说是艺术的。故事注重事件和情节，而小说更注重塑造人物形象。其实，小说也是一种故事，虚构的故事。

我觉得，按照语言形式，故事有两种类型：一是民间故事，主要是民间老百姓口头讲述和流传的故事。民间故事虽然没有固定的版本，却体现了老百姓讲故事的能力，也包含了老百姓的人生观和价值观。日本儿童文学理论一般把"讲故事"当作一种儿童文学文体。讲故事，有的是把原作原封不动地讲给孩子听，也有的是讲的人在充分消化掌握原作的内容后，用自己的话讲给孩子听。古代中国和近代欧洲就有围着火炉讲述民间故事的传统。二是文人创作的故事，即作家写的故事，包括小说、童话和寓言等。电影、电视和动画片里也有故事，而且故事是电影、电视和动画片的核心，如果它们不讲故事，没有吸引人的故事，就不会有观众。美国迪士尼动画片之所以很受大众欢迎，就是因为它们大部分都是以经典童话为"故事核"的。

按照内容，故事包括三种类型：一是过去的故事，它们是历史故事；或者已经发生了，但我们没有亲身经历过。二是现实生活故事，它们是发生在我们身边或我们亲身经历的故事。三是幻想故事，它们发生在我们脑海里，发生在我们想象的世界里。我觉得，在中小学阶段，记叙文教学就要从这三个角度入手,来教学生学讲故事,学讲过去的故事,会讲身边的故事,学写幻想故事。这三类故事,因为反映的内容不同,讲述方式上也会有不同,语文老师找到了它们之间的差异,就能教会学生讲这三种故事。

三、如何培养学生讲故事的能力

如何讲好上面提到的三种故事呢？我给一些家长和老师做过讲座,下面来谈点体会。

1. 如何讲过去的故事。过去的故事,我们没有亲身经历过,一般是听别人说的,或者从书上读到、从电视网络上看到的。这类故事一般都是用第三人称讲述的,而且大部分用的是转述语言。语文课堂中,可以让学生练习转述故事,包括一些历史故事。比如说,语文老师准备一篇很有趣的童话或者短篇小说,让学生在课堂上快速阅读,然后,让学生当场复述故事。这是锻炼口头复述能力的一个好办法。另外,布置一个课外作业,让学生去听别人讲一个故事,然后用第三人称记录下来。或者在课堂上,让一位学生讲一个故事,然后让另一位学生转述这个故事,从而锻炼学生转述故事的能力。

2. 如何讲身边的故事。对学生来说,身边的故事,是在自己身边发生的，有的发生在家里，有的发生在学校，有的发生在街道、村庄或社区。怎么讲这些故事？我觉得语文老师应该用一些具体可行的办法，来锻炼和培养学生讲身边的故事的能力。比如说，讲发生在家里的事，主人公要么是"我"，要么是家人，他们说了什么，做了什么，这件事情为什么会发生，是怎么发生的，"我"和家里的人是怎么处理的，结果如何……老师让学生这样去讲，然后写下来，就很有意思。比如说，校园里的事，主人公肯定是"我"、同学或者老师，发生了什么事，谁说了什么，做了什么，"我"、同学和老师是如何面对这件事的，而且事件是如何发生、发展的，结果怎么样……这些都是要写出来的。比如说，讲街道或者社区里发生的事，"我"亲眼看到了，事情的原因究竟如何？谁是主角？过程如何？最后的结果怎么样？要带着这些疑问来讲故事，才可能把事情讲述清楚。

3. 如何讲幻想故事。讲幻想故事，写童话，并不难，先要让学生写短的童话，然后鼓励他们写长一些的童话。当然，在语文老师自己没有写过童话的情况下，最好先让学生欣赏经典童话，然后让学生模仿写作。我曾在一所小学给二年级的学生做了一次讲座，讲"微童话写作"。我先展示了几篇微童话，分析这些微童话的写作方法，再让他们当场模仿。结果，每一位学生都在15分钟内写出了一二百字的小童话，有的学生写出了两三篇微童话。后来，我在另一所小学里给四年级的学生讲"微童话写作"，先让学生在课堂上欣赏了几篇微童话，他们都有信心写童话了，我再鼓励几句，所有同学都当场写出了两三百字的童话。听过我的"微童话写作"课的语文老师受到启发，鼓励学生写童话，结果，几次课下来，学生都能编写五六百字甚至超过一千字的童话了。

讲好幻想故事，第一，要设置童话情境。也就是说，如果你要讲一只小熊和一只老鼠的故事，就要设置两种童话形象产生故事的场景和机会。第二，要突出童话形象。小熊和老鼠是不同的动物，它们有不同的特征和习性，讲故事时，不能老鼠做事、说话和小熊都一样。第三，设计情节和矛盾。小熊和老鼠之间会发生什么？什么事才能让它们产生矛盾或结成友谊？是什么原因让它们一起完成一件很了不起的事？……这些都是情节的设计。第四，要让小熊和老鼠的故事有一个让读者喜欢的结局。

四、老师教学生讲故事应注意的问题

老师在培养学生讲故事能力的过程中，也要注意一些问题。

1. 有针对性地指导好课外阅读。课外阅读似乎是家庭的事，父母的确应该营造良好的阅读环境，尤其是低年级的学生，识字不太多，阅读理解能力还不够的情况下，家庭要多做亲子阅读。语文老师通过课堂教学，对学生的阅读和写作能力有比较充分的了解，就要有针对性地指导学生课外阅读，让学生多读好书，同时鼓励学生做读书笔记，从而促进学生讲故事的能力的提高。

2. 讲故事需要老师的示范。语文老师可以在课堂上做示范，并多给学生提供口头讲故事的机会，这样既活跃了课堂教学，也使师生共同进步。另外，老师要尽可能地和学生一起写作文。比如布置学生写一篇家里发生的事时，老师也来写一件家里发生的事，这对提升语文老师的教学能力是一次锻炼。老师的作文写得好，学生的写作信心和动力也会更足。

3. 循序渐进地培养学生讲故事的能力。在实际的作文教学中，有些老师动不动就要学生的作文语言优美、主题升华，动不动就要学生用好词好句。其实，刚开始时，学生只要能用自己的话完整地讲述一个故事，老师就应该给予肯定。会讲故事，要先能完整地讲一个故事。能完整地讲一个故事后，再要求学生生动活泼地讲一个故事，就水到渠成了。

  总而言之，讲故事的能力是语文教学的基本目标之一。作文课里的"记叙文"并不难教，也不难写。从"讲故事"这个角度来理解"记叙文"，从"讲故事的能力"来理解记叙文的教学目标，语文老师的作文课就有了清晰的定位，就有了恰当的方式方法。

故事写作课的上法

和西南大学荣维东教授、深圳宝安特级教师倪刚一起听了李慧芳老师的《父母朋友圈的"秘密"》的写作课，有一些话想说。

首先来谈谈对李老师这堂课的感受。

我觉得这堂课有三个值得肯定的优点：

第一，课堂准备充分。李老师不但印制了教学材料，而且预先写了作文。这堂写作课的课案，就有了一个比较成熟的稿子，这也为课堂教学提供了保障。预先没有准备，临时抱佛脚的授课，是不负责任，也是很难有效果的。事先备课充分，对课堂了解，并能在课堂上调动学生的积极性，激发学生的兴趣，效果肯定会很好的。因此，李老师这堂写作课基本完成了她预设的目标。

第二，教学过程中教师的角色定位比较准，对学生的激发也比较充分。在具体的教学过程中，李老师热情洋溢，面带微笑，尽量感染学生。同时，把授课的内容一部分一部分地完成，并在课堂上融入读写结合。学生课堂上的写作实训虽然没有全部展示出他们的写作热情，但已经完成的写作练习，都是非常不错的。

　　第三，这堂课的立意很好。这堂写作课，其实就是故事写作课。从生活出发，以探求父母朋友圈的"秘密"来引发大家的写作兴趣。这堂写作课的设计，起点就很好，能够激发学生的好奇心，有助于融洽亲子关系。

　　下面，我想就故事写作课谈一些自己的看法。

　　《父母朋友圈的"秘密"》这堂写作课，很有意思。前面已谈了三点看法。这里再以其为例来谈谈故事写作课如何开展，或者说，故事写作课最好教成什么样子，是否有比较好的模式。

　　首先，老师最好向学生讲一讲这个题目。父母朋友圈里的"秘密"，肯定不是父母的隐私；如果是隐私，肯定不适合发布在微信朋友圈里。这里的"秘密"，其实就是孩子平常看不到，只有经过允许，翻看父母的朋友圈，才能看得到的有趣的信息或故事。因此，这堂作文课应该定位为故事写作课，且是非虚构故事写作课。从这一点看，李慧芳老师定位准确，教学生写故事。

  其次，要设计好故事写作课的方案。怎么设计？这就需要理解故事写作课的教法。其实，从大的目标来看，如果一位语文教师能够利用一个学期的时间，教会学生写故事，就是非常了不起的。科学的教法，应该是每一次完成一个小目标即可。比如，写出好的故事，要有主题选择，要有故事设计，要有叙事技巧，要有情境设计，要有对话，要有心理活动展示，要有场景和背景，还要有悬念，等等。写故事，先要从小故事开始练习，会写短故事了，再来写长一点的故事，写曲折一点的故事，就容易了。所以，故事写作课预设的教学目标要集中，教师要紧紧围绕一个点来调动学生参与，激发他们的创意潜能，让他们进入故事的情境里。

  第三，从创意写作来看，故事写作课最好采用故事工坊制教学。可以先让每个学生从父母朋友圈里找一条有趣的信息，互相讲述，分享他们发现的"秘密"，然后，让学生从彼此讲出来的"秘密"里找"故事核"，写一个有创意的故事。如果只是让每个学生写自己父母朋友圈里的"秘密"，就限制了想象力，而且分享启发的环节就没有了。因此，语文教师要把大家分享的"秘密"当作"故事核"来对待。后面的写作，都是在"故事核"基础上的扩展，当然要有创意地扩展，使故事更具有新鲜感、幽默感，更有吸引力。值得注意的是，教师要适当地提醒和点拨学生，用有趣的语言和技巧把自己感兴趣的"故事核"变成一个好故事。

第四，教师写的作文最好不要在课堂上给学生看，容易束缚学生的想象力，影响学生的构思。因为传统的语文课（包括作文课），教师喜欢给予学生，而不是启发学生，结果很多学生习惯性地全盘接纳教师的观点和做法，从而形成固定的想法和写法，使故事写作课变成毫无生气的作文课。在故事写作课上，教师最好参与进来，和学生一起现场构思，一起写，一起训练。最重要的一点，教师应是现场作者，而不是评委。

故事写作课有虚构故事和非虚构故事两种形式，针对不同的"故事核"和不同的接受对象，也有不同的教法。无论如何，故事写作课都要通过工坊制教学的模式，使学生领悟创意写作的要义，迅速掌握写作技巧，由不会讲故事，讲不好故事，转变为会讲故事，能讲好故事。

作文如何培养创新思维

对一些学生来说,要写出创新的作文是一个难题。为何如此?主要有三个原因:一是按照套路写。二是使用相同的事例。比如,在考场作文中,大家都用名人故事来做事例,无疑会让阅卷老师产生视觉疲劳。三是过多引用。有的作文,引用的名言名句就占了一半。

如果按照以上方式去写作文,就很难避免同质化。但真正的作文是要体现学生的文字创造能力的,创新才是作文的本质。这里,我先谈谈作文如何培养创新思维吧。

说到思维,语文教育界有一个观点,即语文的核心能力是思维能力。这是于漪前辈说的,受到了语文教育界的普遍认可。语文课培养思维能力没错,但我们也要承认并不只是语文课才培养学生的思维能力。思维能力,是对材料和经验进行分析、整理、辨析、鉴别等能力,也是透过

> 推开语文之门：
> 语文教育小论

现象把握本质的能力。这种能力是所有学科都需要的能力，是做任何事情、学任何课程都需要培养也可以培养的能力。准确地说，思维能力是学习能力最重要的一部分。

那么，创新思维是什么呢？创新，指创造新的东西，改变旧的事物，更新旧的观念。而创新思维就是用新颖独特的方式去解决问题，去认识对象，去理解事物。学生的作文创新思维的培养，自然是通过作文，用新的视角、新的观点、新的方式，去认识事物，去分析和解决问题。因此，作文忌用陈旧的材料，用老套的观念去看待、分析和解决问题。具体来说，写记叙文时，要尽量讲述别人不知道的故事，或讲述一个出人意料的故事。即使讲述的故事是大家比较熟悉的，但在讲述时也要用新的视角，用新的讲故事的方式把大家熟悉的故事讲得更生动，让人受到启发，感兴趣。写议论文时，尤其是写材料作文，面对一样的材料，提炼的观点差不多也是一致的，但论据可以是新的，论证的方式和方法也可以是新的。因此，写作文，可以充分发挥自主创新能力，有意识地讲新故事，用新论据，或者在观察和分析事物时用新视角、新方法。

在实际的作文中，有些学生以为创新是可以照搬的，把一篇语言俏皮、情节有趣、观点新颖的文章搬过来，就可以出新，就可以得高分，殊不知，这恰恰违背了创新的规律，也不符合创新思维。有些学生以为把范文尤其是高分作文背诵出来，考试时搬用到作文上，就可以赢得高分。殊不知，这恰恰是反创新的，还涉嫌抄袭，违背了写作的道德，不符合"我手写我心"的基本要求，也不符合创新能力培养的旨向。

作文的创新思维，意味着学生要力求语言新，即用自己的话来写作文；也意味着观点新，即学生要有自己的判断、见解和的想法；当然也意味着学生要用比较有新意的讲故事的方式、陈述观点的方式和抒发情感的方式。

因此，作文中创新思维的培养一定要落到实处。尤其是要把阅读与作文的创新有效衔接起来。读一本好书时，要对美和令人心动的文字有敏感度，有理解力，并能咀嚼琢磨，变成自己的写作营养。在比较正式的作文考试中，更要认真思考，提炼好观点，总结好生活经验，把零散的记忆转化成写作的素材，推陈出新。也就是说，创新思维的培养与良好的阅读习惯、写作习惯要结合起来。

重新认识读与写

有一篇文章指出中国学生语文读写存在三个典型问题：

一是中国学生的写作存在过分雕饰的问题，喜欢用华丽的辞藻和句子，却不能用通透的语言来抓住中心，传达写作的要义。二是中国学生偏理科的通常不爱读书，也不爱写作。三是中国学生普遍缺乏学术论文的写作训练，是为了考试而读写，作文是模式化的，缺乏对问题的关注，缺乏原创性研究的能力。

这三个问题的确是很典型的，直接指出了中国学生在读写方面的短板和语文学习的缺陷。第一个问题使我想起几年前被人热议的浙江省高考高分文言作文，极尽华丽辞藻，矫揉造作，却被给了满分，但实际上很多人并没读懂这篇作文。殊不知，作文是表达，是对话，失去了对话性，便达不到交流的目的。写作的最重要目的,就是表达和交流。学生从一开始训练写作,就应该认识到这一点。否则,写作训练就偏离了正确的轨道。

第二个问题也直击要害。的确,很多人甚至一些教师都认为理科就是要重计算,却不太重视学生的读写能力。不少家长认为文科就要读文学经典,读历史,读哲学,还有少数家长认为文科就是让那些理科学不好的学生选择的。结果呢,导致理工科学生人文素养缺失,并缺乏最基本的文字表达能力。

第三个问题几乎是所有中国学生存在的一个比较严重的问题,因为中小学作文教学大多写记叙文、议论文和说明文,而且学校和老师不鼓励也没有相关的课程来指导学生进行研究性写作。事实上,从小学开始,就应该鼓励学生写调研报告,写研究论文,进行研究性学习和写作,培养研究能力。

这三个普遍存在的问题,使得中国学生一出国深造,就会面临读写能力跟不上,且创造性思维能力不够的困境。其实,从小学到中学,语文学习就要尽可能全方位地培养学生的读写能力,引领学生从课内走向课外,从课本的学习扩展到更为广阔的文字世界。而且语文课和其他课程都要重视语言表达和写作，学校要开设真正能够激发想象力和创造力的写作课程，以写作带动其他学科的学习。

因此，对中小学生来说，如何抓好读写，提高读写能力，是一件非常紧要的事。小学阶段要多读，要广泛阅读，还要多进行写作训练。到了初中和高中，则要有意识地读经典，且进行研究性写作，从而提升读写能力。

第五辑
CHAPTER 5

与语文教师对话

推开语文之门：
语文教育小论

走在追梦的路上

冯淑娟老师发来她的新书稿，让我写个序言。这份书稿名为《走在追梦的路上：阅读与写作教学的探索与发现》（以下简称《走在追梦的路上》），她说很快就要出版，我为她高兴。冯老师原来在河北廊坊四中教初中语文，是一名特级教师，很受学生欢迎和家长好评。现在，冯老师任教于北京名校陈经伦中学初中部，并担任语文教研组组长。进京一年多，冯老师很快投入教学第一线，显示了自己在教学与科研方面的优势，得到了学生、家长、同事和领导的称赞。

读了冯淑娟老师《走在追梦的路上》这本书，不难发现，冯老师在教学上很用心，努力探索，找到了很多属于自己的教学与研究方法，不但让学生直接受益，而且对一线的语文教师很有启发。

第五辑
与语文教师对话

《走在追梦的路上》一书,是冯老师多年语文教学的经验之汇总,也是她读书、写作和研究的心得之提炼,更是她热爱语文教学,热爱学生,敬畏母语文化的心路历程的呈现。可以说,《走在追梦的路上》是一本值得语文教师阅读的好书,对其他课程的教师来说,也多有启迪,多有教益。

《走在追梦的路上》分为八辑,内容丰富多彩,而且每一辑里都有教学的创见,都有思想的灵光,都有一位教师的深爱和大爱。

第一辑"读书篇",收录了5篇读书随笔,这是冯老师的部分读书随笔,展示了她教学之余的读书姿态,也有她对教育的思考。爱读书,读好书,结合自己的兴趣和教学来读书,是一种视野的开阔、知识的丰富和思想的提升。

第二辑"教材篇",是冯老师对初中语文教材的探索和研究,看得出来,她对课文的利用是基于充分的学习和思考的,她讲课文不是浮光掠影,而是真正做到了探究性学习。有些一线语文教师,教学就凭借一本教师参考书,不读书,也不太爱思考,不会延伸和拓展自己的视野,更不能把课堂教学与文学修养的提高结合起来,这是很可惜的。冯老师对课文的理解,有自己的细微独到之处,值得我们借鉴。

　　第三辑"教学篇"，主要是冯老师对作文教学的归纳和总结，不论是作文教学的目标的定位，还是对作文课堂教学的模式及对作文评改的反思，都让人感受到了冯老师的良苦用心。作文教学很难，难在模式化，特别是中考、高考"材料作文"一直制约着作文的创新，冯老师这些作文教学的经验可以称作"戴着镣铐的舞蹈"。第四辑"积累篇"、第五辑"创新篇"和第六辑"读写活动篇"，表面看来，主要是以作文教学为研究探索对象，其实，冯老师把作文教学提高到了对学生文学创作能力的培养上来，她的作文课与文学鉴赏、创作是有机结合的。我听过冯老师的语文课，也参加过她组织的教研活动，对她的语文教学法深为佩服。比如说，她利用语文教材，让学生仿写名家诗歌，仿写名家散文，还组织学生写家书，写课本剧，有很多的创意。更可贵的是，冯老师的文学修养很高，对每一种文学文体的认识也很到位，讲授课文也好，教学生写作也好，都能抓住要害，让学生很快摸索出规律，写起来就不觉得枯燥，更不觉得痛苦。在廊坊四中教书时，冯老师教学之余还创办校园文学社，培养了好几位小作家呢。到了陈经伦中学，她的作文教学也出了不少成果。这都与她对作文

第五辑
与语文教师对话

课的改良有关,她创新了传统的"材料作文"的写法,把学生从应试中解脱出来,品尝审美创造的快乐。

第七辑"教研篇"和第八辑"成长篇",主要是冯老师做研究的心得和体会,也有自己的成长感悟。这些对年轻的教师来说,更有启发。

总体来看,《走在追梦的路上》内容好,有经验体会,给一线教师直接的教法,也有思想深度,把一位语文教师的爱和奉献精神,以文字表达出来。这是一本教育随笔,也是一本研究专著,更是一本成长启示录。

冯老师说:"一名优秀的语文教师的常态工作应该从读书起步,先做读书人,再做教书人。"这一句话,说得真好!古人说:不读书,无以言。今天,我们做语文教师,不读书,无以教呀!因此,这句话也可以做我的座右铭了。事实上,冯老师的教学研究之路,也是她的读书之路,她的梦想是从书里起步的,她对学生的爱也融进了这本书的文字里。"走在追梦的路上",不仅是一个好书名,还是我们每一位教师心灵的追问!

推开语文之门：
语文教育小论

让语文课和阅读课生动迷人起来

曹利娟老师和她的团队编了一本《小学语文课外阅读课型研究》，要我写个序言。我满口答应。这几年，我领衔的"中国儿童阅读提升计划"项目在广州萝岗区（后并入黄埔区）落地，曹老师作为区小学语文教研员，一直是项目落地对接的具体执行人。曹老师工作严肃认真，对语文教育教学研究很深，有很多真知灼见。

最让我敬佩的是，曹老师关注老教师，扶持新教师，亲自说课、评课和指导，培养了不少名师。这本《小学语文课外阅读课型研究》就是一个证明。它是曹老师带着区语文老师锐意改革、积极进取所收获的教学硕果。

小学语文课怎么上？很多教师并不明白，只是按着惯性教书，并没有思考传统的语文课有没有问题，是不是可以变得更好。只按课本讲课，语文课堂不能满足学生对语言和文学学习的需要，特别是在城市小学里，面对家庭阅读做得比较好的学生，语文课一味地讲解课文，是缺乏足够吸引力的。另外，传统的以教师灌输为主的课堂，也不行了。如果教师在课堂上过于强势，不让学生充分表达，就会让学生觉得教师不信任他们，严重影响他们学习的积极性，导致语文课堂变得枯燥无味。因此，语文课必须加大课外阅读量，开设阅读课，才能有效地解决学生阅读能力提升的问题。

现在各地小学都意识到了，光靠语文课，不能解决阅读和写作能力培养的问题。必须抓课外阅读，尤其要打造良好的阅读环境，把学校办成书香校园。同时，还要开设阅读课。但阅读课到底怎么开？很多小学和语文教师并不清楚，只是凭着直觉在做阅读指导。比如，一些学校会开展诸如图书漂流、古诗文诵读等常规性活动；有的语文教师会挑一些自己随手可以拿到的心灵鸡汤文给学生读；有的语文教师在学生没有读完书的情况下，就上起了名著导读课……这些都不能完全解决阅读和写作能力培养的问题。

成熟的科学的阅读课，应该是这样的：首先，有

推开语文之门：
语文教育小论

一个合理的可操作的书单。比如，小学低、中、高年级学生适合读的优质童书一定要配备好，至少能够满足一个自然班级使用。其次，不同文体的童书的阅读应该有不同的方法。阅读课要有不同文体的课型，要有不同讲法的实效性课案。再次，阅读课的开设要常规化，一周有一节就可以了。在整本书阅读的同时，有条件的小学可以选编阅读课校本教材，每学期一册，供师生共读。我主编的"中国儿童阅读提升计划"丛书，选用的都是中国现当代儿童文学名篇，一共12册，包括儿童诗、儿童散文、童话、儿童小说、散文诗和寓言等多种文体的佳作，正好等同小学教学大纲规定的阅读量，很适合阅读课使用。由曹利娟老师编著的这本书中的课例，相当一部分就是以"中国儿童阅读提升计划"丛书为阅读课教材所编写的，有些课型还上了公开课，差不多我都亲自听过，效果好，很受小学生欢迎。

担任了几年的"中国儿童阅读提升计划"项目首席专家，我亲身体验了语文教育，深入课堂，对语文教育教学有很多体会和思考。我也与曹利娟老师有很多的交流，她编著的《小学语文课外阅读课型研究》解决了很多语文教师的困惑，为课外阅读提出了很好的方案。这本书展示了黄埔区小学语文教师的创新意识、探索姿态和敬业精神，它告诉我们，语文课是什么，阅读课是什么，也告诉我们，如何才能让语文课和阅读课生动迷人起来。

让诗教的种子爆出新芽

温州苍南灵溪二小，我早闻其名，在国内一些小学生刊物上常见到该校学生发表的诗文习作。该校在儿童阅读和儿童诗教方面很有特色，是温州市乃至全国都有一定名气的素质教育特色学校。特别是该校的林乃聪老师，在儿童诗歌创作界还有一定的名气，写过不少好诗，出版过三部儿童诗集。我曾经为其书作过小序，也把他的作品编进了《中国最美的童诗》选本。

那年我随中国作家出版集团的艾克拜尔·米吉提和《诗刊》的林莽等老师去苍南参加"春天送你一首诗"活动，有幸得到灵溪二小师生的邀请，做了一场关于儿童文学阅读的讲座，和老师们做了一些交流，参观了学校，了解了很多情况。不过，给我印象最深的是，灵溪二小处处都有孩子的诗，教室墙壁上贴着孩子们的诗作，走廊过道上也挂着孩子们写的诗，而且该校还出版过孩子们的诗选，组织过很多诗社活动。一批小诗人活跃在温州各种文学大赛和各种诗歌朗诵活动中。这是很了不起的！

做小学教育很难。要做出特色，保持良好的教育质量，需要老师们有足够的智慧和创造力，尤其要有甘于奉献、不随流俗的精神。令人欣喜的是，灵溪二小的老师们具有这种良好的师德和学品，他们在各级领导和家长们的支持下，在孩子们的配合下，进行了有益的教育探索，尽了心，出了力，也收获多多。

我手边的这本名为《我是一朵小浪花》的诗集，就是灵溪二小老师们素质教育的一个成果。林乃聪老师告诉我，集子里的诗都是灵溪二小历届小诗人公开发表的作品。我一看，的确很棒！它们有的刊发在《诗刊》这样的专业文学刊物上，有的刊发在《学生时代》《少年日报》《小博士报》《作文》等少儿报刊上，还有的在县作文大赛中获奖或被收入其他选本，这是很令人惊奇的！一所小学能有这么多的作品公开发表，而且质量很高，是一般大城市的重点小学都很难达到的。我想，灵溪二小的孩子们之所以能取得如此骄人的写作成绩，灵溪二小之所以能取得如此丰硕的教学成果，是因为他们刻苦努力和持之以恒，是因为老师们辛勤付出。无论是学习，还是教学，没有恒心和毅力，没有智慧的头脑和刻苦的行动，是不可能有成效的。

细细品读《我是一朵小浪花》中的每一篇作品，我觉得它们具有如下品质：

第一，展现孩子们的童心和幻想。邓婕的《大树公司》就是一首幻想色彩很浓的诗，小作者把奇特的想象赋予诗行，使大自然添了一份灵性，有了一种孩子生命的纯净底色。吴雅仪的《夜晚》，想象多么奇特，给人一种新鲜的艺术体验，这是大人们很难有的形象思维。胡艺璇的《小蝌蚪》是一首很好的意象诗，小作者把小蝌蚪和乐谱上的音符联系起来，使得小蝌蚪的形象有了轻盈的幻想色彩，视觉意象也与听觉意象叠合在一起，带给人丰富的感觉。我想，这样的诗是需要孩子展开幻想的翅膀，旋转想象的螺旋桨的。孩子的世界与成年人的世界一个很大的不同，就是孩子的世界里有天马行空的幻想。在孩子的世界里，孩子是国王，孩子是主人，孩子是真正的创造者。灵溪二小的老师们细心地保护了孩子们单纯的童心，精心培养和启迪他们生命最本质的东西，这是非常难能可贵的。

第二，表现孩子们的生活智慧。如谢红山的《小鸟》和《螃蟹》等小诗，就是通过小动物的形态来表达孩子对生活的思考。尤其是她写的《爸爸》多么富有冲击力和批判精神！孩子们的眼光其实是很明亮的，他们的心灵世界时刻在触摸着成年人世界的最根部。爸爸沉湎赌博，也许爸爸并不认为这会影响孩子，可是在孩子的心目中，这是多么可恶的行为！这样的诗，对成年人是一种教育和启发，也能唤起成年人的责任感。而董心怡的《爸爸》就表现了爸爸早出晚归，为生活为工作奔波的状态，饱含着孩子对爸爸的理解，这也是很智慧的诗——孩子的慧心在朴素的语言里闪烁着光芒。王晨的《章鱼》看似是对动物的质问，却有一种对现实现象和人性的拷问。如此等等，孩子们的诗作都是用鲜活生动的意象和朴素清新的语言来展示他们的独立思考和特有的生活哲学的。

第三，折射孩子们的美德。在《我是一朵小浪花》这个集子里，很多小诗就像哲理的珍珠一样，折射着孩子对美好品德的追求，展现了他们自我成长的智慧和能力。如李法源的《风》和杨立翔的《调皮的风》，看似状物的小诗，却饱含了小作者对美好品格的追求。陆印的《如果》就饱含了对奋发图强的精神的倡扬。何康的《小巷》则呼唤着宽广的心胸。李冰珊的《我喜欢红色》就有对爱的追求。我很喜爱这些语言简单却有深刻内涵的小诗，也很惊叹孩子们的创造力！成年人一直觉得孩子是幼稚的，殊不知，他们比成年人更聪明，更具有高贵的品质！

　　林乃聪老师告诉我，这部诗集是灵溪二小诗教的一份阶段性总结。在此，祝福灵溪二小的孩子们，也衷心祝愿灵溪二小越办越好，在新世纪的大潮中更显风采！

如何学习古诗词

福清实验小学丁芳老师发来短信,请我给学校的校本教材《古诗词诵读》写个序言。她还强调,这是林海燕校长的愿望。"中国儿童阅读提升计划"项目在福清实验小学落地,效果很好,全校语文教学水平有明显提高,儿童阅读能力也有明显提升。这自然有林校长的信任,也与她的科学管理和大胆的创新分不开!

这部校本教材编得非常好,有以下三个方面值得肯定:

第一,量把握得好。每学期10首古诗词,每学年20首古诗词,这样不会增加学生的学习负担,有利于激发学生的阅读兴趣,引导学生提升审美情操。

第二,编排体例很好。每首诗后面都附有译文,这些译文都很通畅,适合儿童阅读,把阅读和理解的任务交给学生,更符合教育的目标。

第三，选编质量高。全书总共120首诗词，每一首都精当，而且在排列上考虑儿童的阅读接受度，低年级的古诗词和中高年级的古诗词，有难度的阶梯性。如一年级，多选易懂的绝句，而六年级则多为律诗、词，也有少量的古文。可见，语文组的老师们是下了真功夫的。

语文课本里，古诗词是重要的部分，也是最没有争议的部分，基本上代表了古典诗歌的审美水平，因此很多学校和老师对古诗词的教学是很用心的，家长也比较认可这一块。但语文课本里的古诗词的量是有限的，而中国古典诗歌里有很多优秀的诗词歌赋，也有一些辞藻华丽的古文，适当地选用一些补充阅读，很有必要，也能提高学生对古诗词的认识，增强学生对古诗词、古文的辨别和鉴赏能力。古诗词语言简练，是最能体现古典文学之美的。

我一直认为，古诗词与新诗结合起来阅读与学习，是诗教的重要一环。福清实验小学在诗教方面已经取得了可喜的成绩，这里就不多说了。那么，如何学习与理解古诗词呢？

第一，古诗词要诵读。它是韵文，讲格律，讲平仄，有音乐美和建筑美，因此，特别适合大声朗读、吟诵。只有大声朗读、吟诵，才能感觉出古诗词的音乐之美，才能体味出语言的韵味。

第二，古诗词一般很讲意境，且大部分有诗情画意的意境，因此，还可以在理解的基础上，与中国画的学习结合起来，甚至可以与书法课结合起来。如果书法课老师让学生在课堂上参考古诗词来练习绘画，效果会很好。

第三，古诗词教学不要拘泥于形式，不要过分强调字词学习，要重视对整体意境的把握和理解。不然的话，学生学到了支离破碎的字词，却丢掉了诗歌欣赏的感悟力。

第四，古诗词阅读可以和尝试性的古体诗词写作结合起来。在学生对古诗词有了一定理解的基础之上，引导学生学写古体诗，也是一种兴趣的培养。当然，这种形式不要苛求学生的水平。只要学生能写出大体还可以的古体诗，就应该给予表扬与肯定。

编写古诗词校本教材是一次创举，特别是在当前重视传统文化教育的形势下，经典的古诗词和古文诵读是值得提倡的。

福清实验小学的语文教育教学抓得很扎实。语文教研组的老师们不断努力，探索创新，把语文课和阅读课的每一个环节都做得很好，使全校的语文教育上了新台阶，老师们的业务能力也有所提高，学生们受益匪浅。

让作文贴近生活

北师大朝阳附属小学李晓平老师发来短信,让我为她们学校的学生习作集写个序言。

这个集子名字很有意思,叫《童话》。我很喜欢。一百多年前,孙毓修先生在商务印书馆主编《童话》丛刊,那时候的"童话"概指"给儿童讲的故事"或"儿童小说"。朝阳附属小学的学生习作集以"童话"命名,第一,说明老师们不但了解孙毓修先生之"童话"的含义,还理解童话也有"儿童的话"的意思;第二,说明老师们真的是很尊重孩子、热爱孩子的,他们把孩子们的习作看作是"童话",即孩子们说的话、孩子们写出来的文字。

孩子们的习作,自然是童心的流露,是儿童生活的记录和反映。《童话》里的每一篇习作,无论长短,都洋溢着孩子们的爱与好奇,折射出童心的智慧。它们本真,朴素，单纯，无邪，就像夜晚的星星，闪烁着迷人的光芒。

　　现在，社会上对语文课有很多看法，语文老师对传统的作文课也有很多看法。但有一点，大家都希望孩子们不讨厌语文，能读善写。传统的作文课，老师刻意给学生讲作文模式，让学生为了某一个主题写作，而不是写自己真实的生活、真实的感受、真实的印象，因此，不少学生没写几个学期，就很讨厌语文课和作文了。其实，真正的作文，应该回到孩子们的生活，应该满足孩子们的好奇心，张扬孩子们的想象力，应该让孩子描述真实的见闻，让孩子来表达真情实感。有真实的生活和情感，孩子们写起来才会流利痛快，作文才会血肉丰满。

　　我是一位业余作家，写了不少诗歌、散文、童话、寓言和评论，也出版了不少书，但对作文教学，我并没有太多的实践经验。因此，读到这本作文集，我内心特别振奋，也很自豪。品读学生的习作和老师们的点评，感觉学生写得很认真，掌握到了作文的基本知识和技能；老师辅导得也很认真，短短的几句话，显示出一片热爱语文、热爱学生的真心。

推开语文之门：
语文教育小论

肯定学生的创造力

刘崇善老师打电话给我，请我给《童言心语》写个短序。刘老师说，济南市解放路第一小学是一所了不起的学校，它秉承"教学生一天，想学生一生"的教育理念，一直重视学生的语文学习和写作训练，重视学生文学审美教育和创造性思维能力的培育。《童言心语》这部作文集就是一个极好的例证，不但展示了该校学生的作文水平和教师的语文教学质量，也让我们感受到了该校老师对学生的关心和扶持。

《童言心语》的内容很丰富，它收集了近百篇优秀的小学生作文，有的讲述的是学校里的趣事，有的勾勒的是家庭生活，有的描述的是小学生亲近大自然和走进乡村的一些体验和感受，有的是描绘美丽的景色，也有的是抒发自己的读书心得……总之，这部作文集足以看出孩子们的

第五辑
与语文教师对话

灵气,看出他们敏感的内心对外部环境的感悟,对真的追求和对美的发现,以及他们对成长的思考。

我很欣赏这部作文集的选编形式。邀请著名儿童文学作家和评论家分别为孩子们的作文做了点评,我也有幸为其中的十篇作文写了点评,这既是大作家对小作者的写作指导,也是大作家和小作者之间的情感交流和思想碰撞。可以说,《童言心语》是童心世界与成年人世界用文字架设的一座坚实的情感桥梁。作为年轻的作家和评论家,我给多家杂志开设过小学生作文指导和点评专栏,给孩子们的作文写点评,很有收获,很受启发。品读《童言心语》中这些小作文,感受颇深,小小的生命,竟然有如此细致的观察能力和文字表达能力,这也是把语文教学上升到素质教育所结下的硕果吧。

近年,我一直关注中国的儿童阅读,尤其是关注儿童的文学阅读,对少儿出版和儿童文学创作饱含着深情,也很关心小学语文教育。我一直觉得,小学语文教育应该承担起文学审美教育和心灵培育的双重重任,不能在小学阶段就把语文教学的主要内容定位在语言教学上;只教字词句,只重语法规则,而不重视作品的文学审美和人文关怀,这就把语文教学工具化了。为了几个知识点,而把语文教科书中丰富的、审美的内涵过滤掉,其实是"捡了芝麻,丢了西瓜"!所以,济南市解放路第一小学能够把学生的作文收集整理出版,是一件非常好的事情,它的价值已经超过了任何一堂语文课。孩子们写作的第一步如何迈开,对将来他们的母语意识的培育是很关键的,而推荐一个孩子发表一篇作文,不仅对孩子的创造力是一个肯定与鼓励,还可能把他引导到作家之路上来。

  童心世界是最值得我们敬畏的,成年人无论为孩子做什么,都必须怀着一种对童年生命的爱。让我们多多关注孩子们的成长,以实际行动来为儿童创造良好的成长环境!

让童话张扬孩子想象力

我一直认为，童话与诗歌是语文课本里最能张扬孩子想象力，最能培养孩子创造力的文体和内容。从某种程度上说，能把语文课本里的童话和诗歌讲好，就能讲好语文课。童话和诗歌课讲得有魅力，那么语文课就会有魅力。

语文老师要讲好童话，需要做好以下几点：

第一，语文老师要能读懂童话。自己不理解童话，不知道童话有什么美、有什么特质，是读不懂童话的。

第二，语文老师要了解基本的文体知识，要能带领孩子走进童话的空间，找到童话的迷人之处。

第三，语文老师要会写童话，不会写就难以感受童话之美，就可能隔靴搔痒，无法指导学生写童话，孩子们的幻想和想象的翅膀就很难张开。因此，探讨童话问题，找到童话教学的窍门，是值得去努力的。

令人惊喜的是,六所项目实验学校的老师们呈现出一批很有见地,鲜活的,有引导力的论文、课案和作品,非常好,非常及时,势必会带来很多启发、很多思考。

作文要一步一个脚印

福建福清实验小学丁芳老师发来短信,请我为她们学校百字作文集写个序言。我当然满口答应。福清实验小学是"中国儿童阅读提升计划"项目实验校。我带着团队走进该校,指导语文教育和儿童阅读。福清实验小学有良好的校风,学校领导很重视语文教育和儿童阅读,语文教师也很努力敬业,项目实施效果很好。

福清实验小学曾出版过孩子们的诗集和微童话集。这一次,在语文老师们的精心指导下,孩子们又写出了很多百字作文。从一年级到二年级再到三年级,从写话到写诗到写微童话再到写百字作文,福清实验小学丁芳老师等诸位老师一步一步地引领孩子们走进文字世界,感受语言魅力,逐渐掌握语文学习和写作的要诀。这是很了不起的。可以说,丁芳老师等诸位老师是在努力探索具有福清实验

推开语文之门：
语文教育小论

小学特色的语文教育教学模式。

三年级的孩子们写百字作文，这是好的创意，是语文教学一个好的定位。我认为，要逐步培养孩子们对写作的兴趣，一个很好的方式，就是让孩子们学会讲故事，而且先要引导他们用百字讲述完整的故事，然后引导他们用生动的语言讲比较长一点的复杂的故事。这册百字作文里，大部分是日记体。孩子们用百来字讲述了家庭生活、学校生活、社区生活和野外生活中发生的趣事，描绘他们看到的景色，记录他们亲身体验的一些场景，表达他们成长的快乐。虽然因为篇幅限制，不能把所有孩子的百字作文都收集进来，但从每班十个孩子的作文来看，已足以让人惊喜。孩子们的文字很清新，很朴素，很真实，也很生动。看得出来，他们在细心观察，用心感受，并且在创造性地表达。

很多语文老师觉得作文难教，很多孩子也觉得作文难写。为什么？按说,学习、认识了几百个汉字或上千个汉字，怎么能不会作文呢？肯定是方法不对。过去，有的语文老师一教作文，就用很高的标准苛求孩子，结果，孩子一开始就有了畏难情绪。而且有的语文老师一批阅孩子的作文，就刻意挑错，找毛病和不足。这是不对的。孩子们刚开始写话时，只要他们能够把话写得顺畅自然，就很棒，就要鼓励、表扬，从而激发他们的热情，让他们感觉写作是快乐的。到了小学中年级，就要鼓励孩子用自己的话完整地讲故事，自然地表达情感，清晰地表达观点和看法，准确地描绘事物。这也需要语文老师多一些耐心，多一些赞许。

  福清实验小学的语文老师是可敬的。他们很有教育智慧，在语文教学上狠下功夫，勇于探索，不但阅读教学做得好，作文教学也颇有创新。"中国儿童阅读提升计划"项目能在这里顺利推进，语文教育教学改革能在这里生根开花结果，有学校领导的功劳，有语文老师们的勤勉和创新，还有孩子们的努力。

推开语文之门：
语文教育小论

让作文画出梦想，写出希望

北师大贵阳附属小学邀请我去做阅读讲座。倪永艳老师拿着手机，翻开她拍的照片给我看，说："这是我们一(3)班的部分绘画日记，请您看看。"当时，我就感到很惊奇，因为图画太漂亮了，非常原生态，而且孩子们的话语充满童趣，完全展现了一年级孩子的想象力和创造力。

倪老师教语文，也当班主任。大家都知道，一年级的孩子最不好带了。语文课是小学各门课的基础，孩子最早的语言表达、逻辑思维，还有想象力，都是从语文课起步的，因此不可小看语文课，更不要忽视一年级孩子的潜能。

从作文教学来看，一年级是不需要写作文的，但要学会写话。写话就是要让孩子把自己想说的话写出来，写得顺畅、流利、真实、生动，达到了这个目的，一年级语文课就有了重大的收获。倪老师教孩子写话，是有妙招的。

第五辑
与语文教师对话

为了激发孩子的潜能，培养孩子的兴趣，她让孩子写自己看到的事物，从叙述身边的生活开始进入文字想象的空间，因此，她指导孩子们做绘画日记，让孩子们把自己看到的景物、自己游玩过的地方、自己体验过的生活，用简单的图画描绘出来，再加上文字叙述，于是，一篇篇可爱、单纯、童真又散发着浓郁生活气息的"绘画日记"呈现在我们面前。

你看，常恺玲小朋友画了一座绿色的山，大人和孩子在山路上行走，下面写的话告诉大家，生日那天，爸爸妈妈带她去爬山了，让她感到很开心。邓羽涵小朋友画的是可爱的熊猫一家，还有青青的竹子，下面的话记录着她一家去四川成都看熊猫的喜悦。李湘阁小朋友做的绘画日记真是一幅很唯美的图画，五彩的鱼儿在蓝色的海水里游动，下面写的一句话是："海底世界真奇妙，真想潜入海底看一看、玩一玩。"龙美璁小朋友画的是一幅拔河图，人物神态真切，画面鲜亮，下面的话讲述了自己参加学校第三届冬季运动会的体会……这些绘画日记无论从图画本身的生动性，还是从文字的真实感来看，都是非常出色的。一年级孩子的写话，就得从感性的生活开始，就得符合孩子的烂漫童心。我觉得倪永艳老师在一年级语文课中，以绘画日记来培养孩子学习语文的兴趣，同时，以感性而艺术的形式来拓展孩子的想象空间，发展孩子的语文描述和绘画能力，是一次很值得肯定的探索。

　　语文课很难教，课堂教学要多多探索创新。绘画日记对孩子的写话能力的训练，不仅仅达到了让孩子把话写好的目的，培养了孩子的艺术感悟力，还提高了孩子学习的兴趣，也让孩子学会把学习与生活有机结合起来，做到了课堂与生活的联通，学习力与其他能力的互融，想象力张扬与创造力激发的并举。

　　希望看到北师大贵阳附属小学孩子们更多、更美、更感人的"绘画日记"！

第五辑
与语文教师对话

小作者可以变成大作家

作文是语文的一部分。学好语文，第一要多读好书，第二要学会写作文。也就是说，学好语文，就要能读善写，就要有对文字世界的理解力和创造文字世界的能力。

但很多一线语文老师即使能讲好语文课，也不一定能教好作文。问题在哪里？可能就是传统的作文课思维比较僵化，总跳不出死板的套路。《妙笔作文》杂志我期期读，觉得它在作文的引领方面做得很好。《妙笔作文》杂志的王莹老师发来电子邮件，希望我给他们编的状元作文集写个短序。我满口答应了。

打开作文集的电子版，很惊讶。这部作文集收集的是多位著名作家写过点评的优秀作文，而且有曹文轩、陆天明和刘醒龙等几位老师的佳作。

一般的作文书里，做点评的大多数是语文老师，或者

推开语文之门：
语文教育小论

语文教研员。约请大作家来点评孩子的作文，而且点评得那么认真，还真是别具一格。大作家之所以能成为大作家，不只是因为年龄大，最重要的是，他们有丰富的写作经验，对写作有独特的理解，不会像语文老师那样去评判学生作文。大作家来点评孩子们的作文，不只是形式的问题，也是思维的问题。大作家来看孩子们的文字，可能会更亲切一些，更愿意去理解孩子，更想与孩子交流，更善于把写作的经验用很简短的文字表达出来，而且大作家来看作文，可能一下子就可以找到问题，发现毛病，指出症结，开出药方。事实上，每一位作家的点评风格都不一样，有的像精彩的短评，有的似娓娓交谈，有的比较严肃，有的很活泼，有的如抒情小品，也有的像是在现场指导。一篇篇优秀的"状元作文"，加上一篇篇大作家点评，使得全书内容丰富，精彩纷呈。

很多孩子在作文之路上，总是歪歪扭扭地走着，缺乏对作文的基本理解，而且好多孩子不会写，也不愿意写作文。相信读了这本作文书，你会读到优秀范文，找到写各类作文的基本技能，从而提高运用文字并创造文字的能力。

第六辑
CHAPTER 6

语文杂谈

推开语文之门：
语文教育小论

高考状元不必热炒

高考成绩出来了，各类媒体纷纷进行各省市高考状元的独家专访，有的不但报道了状元本人，还报道了他的家庭和相关老师。一些高中学校借状元来宣传自己，各大高校也虎视眈眈，打起了争抢高考状元的暗战。

高考状元高考分数高，并不意味着他就是一流人才。人生要经历众多的考试和考验，一次高考虽然可以决定考生能否上名校，但并不一定决定他的终生成就，更不可能决定他未来的幸福。事实上，在应试教育模式下，高考状元并非都是能力全面、心理素质高的学生。把高考状元理想化和神化，只会助长以分数来衡量一切的人才观和教育观，使教育的目标发生严重偏移。

另外，高考状元的事迹只是个案，并不能代表所有青少年成长的方向，尤其不能充当教育的坐标。高考状元一般都是比较自律的孩子，在课程学习和应试方面有自己的经验，但这些经验并不适合所有高中生。媒体热炒高考状元，对高考状元本人也没有好处。他们一般刚刚满18岁，若为了某种"效应"和"利益"，强行把他们拉进各种名利场，让他们为自己的成绩得意扬扬，不但会毁掉自己青春的形象，而且会滋生骄傲自满的心理，影响进入大学后的学习和他们的家庭。

而对名牌高校来说，录取高考状元也并不意味着学校档次的提升，教育质量的评价并不是看学生有多高的分，而是看学生的综合能力和素质，看学校的整体科研水平，看教育与科研对社会的贡献。

因此，不必热炒高考状元，让那些孩子回到宁静的生活状态，安静地成长。

故事是有力量的

好的故事，可以帮助我们更好地表达和沟通，可以触动心灵、启迪智慧；好的故事，可以改变一个人的命运，可以展现一个民族的形象……无疑，故事是有力量的。

那么，什么才算是好故事呢？好的故事一般有三个特质：一是传达了讲述者独特的经验，即便是"杂取种种人合成一个人"，这"一个人"也是带着讲述者独特生命体验的。如果一个故事全是别人的经验，那肯定不是一个好故事，也很难激发起读者的好奇心和兴趣。二是好的故事有独特的语言风格和叙事特点，也就是说，好故事或语言质朴，或语言活泼，或语言优美，它能展示语言的美妙和语言的力量，也能把读者领进一个不一样的叙事空间。优秀的作家的语言都是有个性风格的，都有和别人不一样的语言特色。会表达，会讲述，不只指叙事的视角和结构，还

第六辑
语文杂谈

指语言的独特性。即便一个相同的故事，因为语言不一样，讲述出来的效果也不一样。三是好的故事一定会有所隐藏和有所揭示。作家写故事，是为了表达，但背后包含了一种隐藏——对个人秘密的隐藏，对内心的隐藏，对世界观的隐藏。如果袒露无遗，故事就失去了神秘感，也不具备含蓄的魅力。作家写故事，也是为了揭示，揭示一些本质性的东西，揭示一些一般人难以觉察到的隐私和包藏在集体记忆里的意识和无意识，包括揭示人性之恶与社会的黑暗。一个好的故事，会让读者受到隐藏和揭示的矛盾以及由此带来的深邃感。

那么，怎么才能讲述好的故事，如何去理解好的故事呢？讲述好的故事并不难，但也绝非易事。生活中有很多好的故事或者好的故事的素材，可以给我们足以表达的经验。但要想写出好的故事，要想把故事讲好，就要有意识地去收集和提炼，把个人的经验和社会生活结合起来、融合起来，加以归纳和总结，并给予审美的提纯。文学源于生活且高于生活，说的就是文学不可能脱离生活，要与作家的经验结合起来，并比生活更具有概括性和预见性。文学不可能比生活还丰富，指的是生活比文学更具有广泛性和丰富性，任何一部文学作品的表现都是有限的。但文学

推开语文之门：
语文教育小论

和生活的关系是紧密的，文学不可能脱离生活，即便是科幻小说，也是人类的想象生活的呈现。因此，优秀的作家都会珍惜并小心翼翼地去处理自己的生活经验，去把个人生活与群体生活进行有机整合，并将对经典的理解恰到好处地融入写作和讲述之中。所以，会讲述故事的人，在借鉴经典的基础上，会运用最合适的语言和表达方式，也会用最符合内容和主题表现的技巧，从而激发读者的认同和共鸣。

　　总之，好的故事一定是写作者或讲述者表达得好的，也能唤醒集体记忆的，同时也能起到揭示人性和召唤人心作用的。好的故事，在我们身边，也在我们每一个人的心灵世界里。好的故事值得去阅读和传播，也值得用心去写作和讲述。会讲述好的故事的人，是有魅力的人，也有建构审美世界和传承精神力量的能力。

孩子一定要进名校吗

每年入夏时,都是家长们最心焦的季节。小升初,很多家长到处奔波,想方设法要让孩子进初中名校。初升高,很多家长比孩子还急,他们多么渴望孩子能考上高中名校呀!即使考不上,花钱也得让孩子上个名校。

记得女儿幼儿园大班时,就有朋友问我:"你女儿马上要上小学了,你打算送她到哪所小学学习呀?"我明白朋友的意思,他以为我一定会把女儿送到北京一流重点小学去读书。事实上,我并不赞同这种做法。

我家住在北京石景山区,我让女儿去读石景山实验小学,是一件一举两得的好事。第一,离家近,学校不算太差,孩子生活学习方便,家长照顾成本低。第二,孩子的学习压力不大,家庭教育空间更大。很多家长觉得小学要靠老师,靠学校,其实,创造一个好的家庭学习环境,让孩子养成好习惯，学校里的课堂教学对孩子来说就会容易一些，做试题、写作业，不会有难度。如果家庭教育环境差，父母对孩子的学习不用心，只是一味追求成绩，一味苛求学校，孩子的学习肯定抓不好，而且孩子会觉得父母没有教育能力和教育智慧，也会不尊重父母。

  孩子的成长需要父母真正的关心。我对女儿说："成长主要靠你自己，但爸爸希望你能学得快乐、学得轻松。"

"双减"后教育更要走正道

"双减"政策出台后,相关部门整顿课外培训,减少学生作业,让学生的学习负担有所减轻。"双减"不是否定作业的重要性,其最终目的,还是要让学生回到素质教育上来,让社会、家庭和学校结成共育联盟。

那么,"双减"政策后,中小学教育应该怎么办?今后的路应该怎么走?

减少学生作业,表面看是减轻学生的学习压力,给应试教育降温,同时也减少由于社会、家庭和学校不协调而产生的教育内卷,但实质上是为了营造良好的教育大环境,让学校、家庭和社会各负其责,最大限度地实现教育公平,实现教育治理的现代化。

因此,"双减"政策出台后,社会应该为少年儿童营造更好的成长环境,尤其是社区要建立儿童友好型社区,比如，社区图书馆、社区亲子教育空间等。学校要打造书香校园，让学校成为学生最爱读书、最会读书的地方，让课堂变成最能发挥教书育人作用的场所。学校里，教师的教育主导者的角色扮演好了，学生才能成为学习的主体。所以，中小学校要下大力气抓好教师素质提升，抓好课堂教学，让课堂变成有效课堂，真正有助于学生掌握学科知识，提升综合素养。而家庭呢，也要由物理空间，变成情感空间和文化空间，不能简单地给孩子吃喝玩乐，还要担负起孩子教养的提升，因此家长的教育智慧和教育能力非常重要。

　　在这种情形下，中学教育更要走正道，不可沿袭传统的应试教育思维。众所周知，近年中考是一个比高考还痛苦的话题。为何如此？因为中考的淘汰率，在不少省市自治区达到了50%，而高考的升学率则高得多。中考的压力对初中生及家长来说，是非常大的。不但家长焦虑，学校教师也面临很大的压力。目前，衡量一所初中的教学质量，很大程度上就看普通高中升学率。如果不抓中考，不提高普通高中升学率，初中学校就会面临办学危机。而狠抓，则可能导致回到应试教育上来。破解这个难题，需要各方面付出智慧和努力。

中学教育还是要找准定位。应试教育是不能长久的，一旦考试规则发生变化，那么教育教学就得随着应试规则来变。按照应试教育来设计教学，学校是难以形成自己的育人模式的。对教师来说，应试教学就是按照"考点"教学，这种教学的价值观是功利性的，对学生的导向也是偏的，也不能解决根本问题。因为学生学习程度不同，应试教学既难以提高学困生的应试能力，对优秀生的能力的提升也是有限的。

因此，"双减"政策之后，教育只能走素质教育之路。素质教育要求课程革命、课堂革命、教材革命，还需要教师自我革命，同时需要家庭教育革命和社区教育环境的优化。不改变传统的教育观念和教育方法，简单地以应试教育来取代学校教育，等于放弃了"立德树人"的价值坐标。相信"双减"之后，中小学教育终会真正迎来适度的变革，还教育以真正的位置和价值。

过美好的教育生活

人人都想过美好的生活,这是一个愿景,也是社会文明的一个标志。

美好的生活,应该包括富足的物质生活、美好的教育生活和优雅的文艺生活。富足的物质生活是基础,它需要全社会努力创造物质财富,让每个人都过上小康生活。要过美好的教育生活,则意味着人人都要接受教育,而且能够享受好的教育,得到好的教养,变成高素质的公民。优雅的文艺生活,说到底,就是生活审美化,文学和艺术成为日常生活的一部分,甚至人人都有文艺素养,都有审美品位。

那么,什么才算是美好的教育呢?大家都知道,教育包括社会教育、家庭教育和学校教育。一般人讲教育,好像只讲学校教育,好像学校教育才是教育。其实,美好的教育，不但意味着社会有好的风气、丰富的教育资源，也意味着家庭有好的教育氛围、父母有较高的文化水平，还意味着学校有好的教育环境和条件，有浓郁的书香气息，有学习与探求的氛围。过美好的教育生活，不能光靠校长和教师，也需要全社会共同努力。

我所理解的美好的教育生活的内涵主要包括四个方面：第一，要有儿童的立场。无论是社会、家庭，还是学校，都应该以儿童为本，共同为儿童的成长塑造好的文化环境，创造好的教育条件，提供好的教育机会。办学校是为什么？就是为了儿童，就是引领生命的成长。第二，要有公平的教育机会。义务教育，就是保证每个孩子有学上，有书读。第三，要有准确的教育定位。教育就是要立德树人，要培养全面发展的社会主义建设者和接班人。第四，要重视过程，而不是只要结果。教育最有意义的是过程，结果是在过程做好后自然生成的，因此，过程抓好了，结果自然不会差。但我们的教育只看结果，不重过程，浮躁，也功利，让教育很无趣，让教师很疲惫，损坏了很多孩子的想象力，压抑了很多孩子的天性。

要过美好的教育生活，我觉得应该从几个方面来抓。第一，要抓好学校阅读文化建设，以书香校园来熏陶学生。

一所好的学校，一定是书香校园。优质的学校，教师爱教书，学生爱读书，也会读书。第二，要改变应试教育模式，用更能激发儿童生命潜能的方法来召唤童心，引领成长。应试教育解决不了全面素养的提升问题，也解决不了儿童智力开发问题，更无法让儿童的个性得以张扬。第三，要给教师人格和价值的尊重。好的教育的一个关键，就是师资。没有优秀的教师队伍，教育是抓不上的。因此，给教师成长成才的机会，为他们的探索和研究提供好的机会，是必须的。第四，家校合作，抓好教育。不能关门办学，应该开放办学。学校和家庭、社会联手、协作，才能办好学校。

过美好的教育生活，我们一起加油！

幼儿园教师读什么书

幼儿园教师怎么读书？这是一个值得探讨的问题。

幼儿园是孩子离开家庭走进的第一个集体生活的空间，也是社会化的第一步。中国有句俗话："三岁看大，七岁看老。"幼儿阶段的发展，对一个人的一生是非常重要的。过去，没有幼儿园教育的时候，主要靠家庭来给幼儿启蒙。有了幼儿园，幼儿教育就不只是靠家庭，还要靠幼儿教师，要靠幼儿园和社会环境。幼儿园的教育，主要在于培养孩子的社会参与意识、集体意识，以及良好的生活习惯与一定的语言能力、艺术感知和行动力。因此，幼儿园课程主要以游戏为主，再加入一些阅读、运动、艺术及生活实践内容，主要强调孩子的动手能力、实践能力和合作能力。

当好幼儿园教师，需要多方面的素质。现在，幼儿园

> 推开语文之门：
> 语文教育小论

教师绝大部分来自幼儿师范学校，也有少部分毕业于师范大学学前教育专业。在大城市的优质幼儿园，也有一些幼儿教育专业的硕士和博士。但无论怎样，幼儿教师要不断学习。即使有了比较高的学历，也要不断更新知识，掌握更多的幼儿教育本领。

我不是专门研究幼儿教育的，但也做过相关研究，觉得幼儿园教师应该多读以下三个方面的书，不断增强自己的专业素养。

第一，多读幼儿教育和儿童教育理论书。现在，幼儿教育和儿童教育的理论书比较多。这里，我推荐老师们读三本书：一是蒙台梭利的《童年的秘密》。这本书好像谁都知道，但实际上很少有人认真读或读懂。这是一部儿童哲学的书，它以哲理与诗一样的语言，告诉读者童心世界的特殊性、儿童世界的迷人，表达了作者对童心的敬畏。它是一部能够让人真正理解孩子的书。二是范梅南的《儿童的秘密》。这是一部心理学著作，与《童年的秘密》可以说是学习儿童教育学的必读书。三是阿瓦涅索娃的《学龄前儿童教育》。这本书是写给家长的，它以很多生动的例子论述了学龄前孩子的心理规律，让家长科学育儿，也是一部幼儿教育的好教材。

第二，多读儿童文学及相关学科的理论书。从事幼儿教育一定要读儿童文学作品，也要读儿童文学理论、儿童游戏、儿童玩具类的理论研究著作。理解儿童文学，学习一些基本的专业知识，就能掌握儿童图书、幼儿图书的选择、阅读的方法，就能做好幼儿阅读，开好故事课，并善于运用幼儿图书来教育幼儿，来给他们进行语言启蒙和审美熏陶。虽然幼儿师范教育也开设了幼儿文学课程，但内容往往比较简单，而且不是核心课程，很多幼儿师范生毕业后，很难把所学的幼儿文学知识转化到教育实践中，因此，工作后，继续学习是非常必要的。除了幼儿文学类的理论书，还要读一读儿童阅读理论的书籍。比如，崔利斯的《朗读手册》就是一本对儿童阅读很有指导意义的好书。还有钱伯斯的《打造儿童阅读环境》，也是一本很好的阅读理论书。

第三，绘本及绘本阅读书籍。绘本也称为图画书，是文字与图画相结合的童书。在欧美国家，绘本是以幼儿为阅读主体的童书，因此印刷很精美，也被大量运用于家庭亲子阅读和幼儿园教育。国内引进了《猜猜我有多爱你》《母鸡萝丝去散步》《我的爸爸是焦尼》《活了一百万次的猫》《不一样的卡梅拉》和《鼹鼠的故事》等经典绘本，在很多阅读推广人的推介下，现在被国内很多家庭广泛接受。不少幼儿园也利用绘本开展阅读教学，让幼儿通过绘本阅读，学会审美，增强语言能力。但很多幼儿教师并不太懂得绘本知识，只是简单地进行绘本阅读，缺乏一些理论支撑。因此，读绘本、教绘本的同时，还要读读相关的理论书籍。如彭懿的《图画书：阅读与经典》，就是一本介绍经典绘本的好书，里面也有一些理论阐述和阅读方法。松居直等人的《绘本之力》和《幸福的种子》是两本绘本理论书，语言简单，理解起来容易，读后会对绘本有比较清晰的认识。

  幼儿教育责任重大，幼儿教师工作的重要性不可小视。因此，幼儿教师需要加强学习，提升素养和能力，把读书放在工作之余的重要一环。

教师阅读的意义

叶圣陶在《我和儿童文学》中回顾自己编写《开明小学国语课本》的经历时，说："给孩子们编写语文课本，当然要着眼于培养他们的阅读能力和写作能力，因而教材必须符合语文训练的规律和程序。但是这还不够。小学生既是儿童，他们的语文课本必是儿童文学，才能引起他们的兴趣，使他们乐于阅读。"

语文课要培养学生的阅读能力和写作能力。语文课程标准虽然提出"听、说、读、写"四个方面能力的培养，但阅读能力和写作能力才是语文教育的最核心的目标。在母语环境下，听和说是不需要语文课来刻意营造情境和实现能力目标的，生活中处处有听、说的能力的训练环境和机会。因此，阅读和写作能力的培养是重中之重，谁淡化了这一点，就可能偏离语文教育的轨道。

语文教师要承担起学生阅读能力和写作能力的培养的重任，自身也要有较高的阅读能力和写作能力。所以教师的阅读尤为重要，教师的阅读视野和阅读能力直接决定他的教学能力，也直接影响学生的母语学习的质量。那么，教师读什么？教师的阅读能力主要有哪些标准呢？对这两个问题，我觉得，第一，教师无疑要读经典，尤其是语文教师要大量阅读古今中外的文学经典，对课本里出现的作家作品要非常熟悉，达到融会贯通。第二，教师要熟读教育学、心理学的前沿理论，从而理解自己的教学对象。第三，还要把读与教、写结合起来。教师读什么，一定要读与自己教什么和写什么紧密结合的，才会更有针对性，而且更能建构起一个有机的认知体系。

当然，以上从认识落实到了实践，教师的综合素养就能得到提高，而阅读的意义就自然体现出来了。

教师阅读如何展开

教师要做好传道、授业与解惑，有一个前提，那就是在知识习得上要比学生早一步，在专业能力方面要比学生高一筹，在批判意识、思考能力和解决问题的方法方面也要比学生强一些、丰富一些。这就意味着教师要特别重视继续学习，且教师一定要多阅读，以阅读不断提升自己的专业能力和综合素养。

那么，教师如何阅读呢？我觉得可以从两个方面展开：第一，专业阅读。教师属于专业人才，有很强的专业性，他们的学科知识背景及学科教学能力，就是他们的看家本领。因此，在教学之余，教师一定要继续钻研专业知识，了解学科最新动态，跟上不断发展与改革的教育步伐。第二，通识阅读。无论是哪个专业毕业的，从事哪门课程的教学，教师都应该提升综合素养，所以通识阅读是非常重要的。而通识阅读又包括两个方面：一是人文社科书籍的阅读，这是人文素养培养的前提。尤其是教育学、心理学前沿知识介绍和最新理论阐释的书籍，是非常值得去阅读的，因为这特别有助于教师理解自己的教育对象——学生。二是基于跨学科知识体系构建的阅读，即读非本专业的专业书籍，形成跨学科的视野，搭建一个开阔的知识关联网络，有助于形成融会贯通的认识，提高对教育的理解力。

无疑，教师从专业阅读和通识阅读两个方面展开自己的阅读，规划自己的阅读生活，形成属于自己的阅读天地，构建能够把自己和整个学科教学、学生培养、学校发展以及整个社会文明进步联系起来的认知体系，这是非常有意义的。但由于教育教学工作繁重，教师的时间和精力是有限的，这就需要教师的阅读要有选择，有坚持，不但能站位于自我能力的提升，而且能站位于国家未来的发展。

因此，教师的阅读不只是一种人文情怀，更是一种专业追求与价值重构。

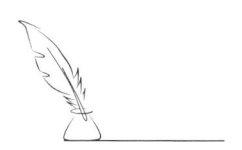

创造性教育呼唤强师

最近,ChatGPT(一种人工智能聊天工具)引发了媒体和大众的强烈关注,也引发了教育和学术界的一些焦虑与担忧。人工智能和数字技术的进步的确带来很多便利,也会从多方面影响人的生活、学习和工作。技术和机器的进步和人的创造性密切相关,没有人的创造精神和创造力,就不可能有科技进步。ChatGPT 尽管可以提高工作效率,尤其是在一般的写作方面具有某种便利和效率,却无法取代人的创造性。创造性不是技术概念,而是存在于人的有目的的行为。而教育主要就是培养学生的创造能力,即有目的地去追求、学习、创造的实践能力。这就对教师的能力和品质提出了比较高的要求,因为作为教书育人的角色,教师至少在知识和思想方面要更有先知性、超越性。同时,教师也应该具有与学生一起学习、共同进步的心态和能力,且有更为丰富的社会经验和实践经验。

　　陶行知认为，"教师应是改造社会的灵魂"，"教育就是社会改造，教师就是社会改造的领导者"。按照他的观点，教师不但要有专门的学科知识，还要有召唤学生、引领大众的精神力量。陶行知这种教育思想今天依然值得领悟。教师不是象牙塔里的知识分子，学校也是社会的一部分，学校的课程教学不能坐而论道，而应该紧密结合实践，与现实社会的需求和学生的成长紧密对接，而且教师的身份也决定了他必须与广大学生和家长紧密联系，知识结构要不断优化，精神层次要不断提升，这样才能扮演好陶行知所说的"社会改造的领导者"的角色。

　　新时代教育面临很多机遇和挑战，特别是新技术新媒体的介入，给教育工具和教学方法带来较大的改变，但无论环境如何变化，创造性人才的培养是教育的最重要的目标。因而教师在知识更新和能力提升方面更要有自觉的意识。无论如何，创造性教育呼唤强师，而强师势必引发教师的自我革命和教育的价值重构。

如何做智慧教师

近几年,做语文教育指导,带领"中国儿童阅读提升计划"项目团队,走了很多地方,指导语文教育和儿童阅读,了解了很多中小学校的办学情况,以及学校教育的问题和困难,也认识到语文教育和学校教育的局限和不足,同时结识了很多优秀的教师和校长,并深深为他们的敬业精神所感动。因此,这几年,我开始尝试研究语文教材、语文课堂和语文考试,也研究中小学生阅读和儿童教育,并组建了一个指导语文教育教学的专家团队,取得了一些成绩。

《做智慧教师》这本书就是在实践和研究的基础上,结合我多年的经验写成的。这是一本随笔式的教育书,更多的是谈谈我的看法,以便与一线教师朋友交流和沟通。

做教师,要涉猎很多知识,尤其是做班主任,事情更多。

推开语文之门：
语文教育小论

不是说一个人读了本科、研究生，就可以教好书，就可以带好学生。做一个合格的教师，需要多方面的素质。做智慧的教师，更难。但既然做了教师，就要做智慧教师，至少这应该是一个追求的目标。

那么，做智慧教师有什么标准呢？不外乎以下几点：

第一，要有足够的专业知识，具备基本的学科知识和专业素养，不然，上课都会成问题。当然，专业知识里也包括认识教材、理解教材和把握教材的能力，专业知识里还包括如何实现知识转换的技能。有的人读了本科、研究生，却教不好书，不是专业知识不够，是不会把学过的专业知识转换为教育教学的方法。就像语文课，要教好它，需要教师把自己学过的文学知识转换成语文知识。

第二，要有敬业爱岗的精神。做教师很辛苦，却也有价值。学校是育人的地方，没有足够的师资，就得关门；没有优秀的教师，办不成优质学校。所以敬业爱岗，有奉献精神，不计名利，是教师这个职业所需要的品质。

第三，要有比较高的道德水准。道德不是空乏的概念，不是虚伪的说辞，它是实实在在的生活中的良好的言行，尤其是公民意识、公德意识和文明人的基本的行为。

第四，有探索精神和学习力。有些教师大学毕业走到

第六辑
语文杂谈

教学岗位上，就不再学习；有的教师全凭一点经验教书育人；还有的教师知识不更新，不爱向人求教，总是满足于自我的认识……这些都是不思进取、不爱学习的表现。一位优秀的教师，一位智慧的教师，是不会自我满足的，而是敢于探索、善于学习的。

第五，有创造力和包容精神。教师面对的学生可能经常变化，因此无论在教学方法上，还是在与学生沟通的方式和技巧上，都要有变化。对学术和学生有包容，才能不自满、不闭门造车，才能不断进步，创造新的奇迹。

第六，使用新媒介和新工具的能力。学校会配备各种新媒介和工具，智慧教师要能够在教学中合理使用并使之为自己服务。工具是死的，人是活的，所有的工具都是为人服务的，而不是让人成为工具的奴隶。

第七，要有现代的教育观和儿童观。每一个小小的生命都有自己的特点和天性，每一个孩子都有自我成长的智慧和力量。山上没有两棵完全相同的树，原野里没有两朵完全相同的花，一棵树上没有两片完全相同的叶子，学生的家庭背景、生命特点和个性行为也各不相同。因此，做智慧的教师，要尽可能顺应学生的天性，尊重学生的个性，使学生成为自强自立的人，让他们将来有能力过自己想要的生活。从这个角度来看,智慧教师要给学生更多的方法,让他们学会制作梯子以攀登知识高峰,给他们面对挫折和克服困难的勇气和智慧,让他们去追求自己的目标和理想。

　　总而言之,做智慧教师需要有多方面的素质,需要不断学习和探究。

几句语文小语

当年,海豚出版社出版我的《语文教育小论》时,责编让我给每一辑写一段话,作为引子。于是,我产生了以下几点感想。

一是针对问题,出方案。语文教育教学有很多具体的问题,有的是观念没有改变,有的是方法陈旧,有的是固守习惯。在深入一线指导语文教育时,我也发现了一些教材与课程的问题。这些年,我在研究教材、深入课堂并与教师交流的基础上,形成了一些对语文教育的看法,针对性强一些,也比较具体。我希望语文专家们多研究问题,多给解决问题的方案。

二是重视诗教,全面加速。语文教材里有古诗词,也有新诗,很多教师习惯于让学生背诵古诗词,而不太注意给学生讲新诗,因为考试一般不考新诗。但语文教师不可忽视新诗，尤其要用好儿童诗，并且尽可能地做好诗教。让学生读一些优美的儿童诗，激发学生的想象力，是非常值得去努力的。只有诗教进入了语文课堂和语文教育体系，语文才能提速，并全面加速。

三是不要一味刷题，不要忽视阅读。语文课属于课内阅读，阅读课也属于课内阅读。但语文需要平时积累，因此课外阅读尤其重要。语文教师要有指导学生课外阅读的能力。家长要重视家庭阅读，学会引导孩子多读好书，亲近经典，并通过阅读打好孩子的语文基础，提高孩子的作文能力。

四是以作文提升带动语文学习。如何提高学生的作文水平，如何让孩子爱上作文，这是语文教师和家长都很操心的事。这些年，我做过一些作文讲座，也写过一些短文，指导语文教师和家长培养孩子的作文能力。作文不难，只要认识到位，方法恰当，每个孩子都能写好作文。语文教师要研究作文教学的方法，让作文课真正给予学生写作方法。

五是语文教育包含了生命体验，要从体验出发。就我个人而言，语文学习和精神成长密切关联，我也有很多切身的感受。我的文学创作之路就与语文密切相关。因此，我在研究教材、研究课程、研究问题时，总会调动起自己的生命经验，即便我调动的是与语文有关的零星的感受，但因为真切，而有了生命质感。

附录
APPENDIX

与语文教育相关的问答

多给孩子读纯文字的书

——答《南方教育时报》记者韩宝问

附录
与语文教育相关的问答

问 孩子缺乏课外阅读的兴趣，不喜欢甚至排斥课外阅读，课外阅读习惯难以养成，要靠家长"逼迫"才能进行下去。面对这种困境，您有什么好的建议？

答 其实，出现这种情况，一般是家庭环境的原因。就是孩子还小的时候，家长不重视亲子阅读，而且家里没有什么好书，没有让孩子品尝到阅读的快乐。于是，孩子没有养成读书的习惯，就不爱课外阅读。有些家长发现孩子不爱读书了，才开始着急，这时候，即使逼迫孩子读课外书，孩子也不愿意读。因此，建议家长早一点做亲子阅读，给孩子多买好书，多给孩子读书，让孩子早一点养成读书的习惯，品尝到读好书的乐趣。

问 孩子在课外阅读上"偏食"怎么办？比如，一些小女孩总是喜欢"公主类"的书。

答 首先我要说的是，课外阅读"偏食"比不爱读书好。不过，女孩子"偏食"那些"公主类"的童书是正常的。每个女孩子心里都希望自己是公主，也都希望自己过公主一样的生活，都有"公主梦"，因此，爱读"公主类"的童书也是女孩子的天性。不少家长有一个错误观点，那就是读书就是学知识。因此他们特别期待孩子读科普读物、科技类图书，希望孩子多学知识。其实，读书第一就是要快乐，第二就是要感受语言之美，第三就是要体验情感，第四就是受到心灵的熏陶。获得知识是在这些过程完成之后自然生发的。而儿童文学类童书在这方面有着不可替代的优势。不过，现在社会上有些阅读推广过分侧重某一类图书，比如绘本。其实，只要是好的、适合孩子的童书，都可以推荐。因此，建议家长给孩子买书，要以优质的儿童文学类童书为主，同时兼顾其他好书，让孩子的阅读就像吃"营养套餐"一样。

问？ 在课外阅读中，很多家长困惑于怎样帮孩子挑"好书"。当家长挑选的书和孩子挑选的书发生冲突的时候，比如孩子更喜欢看漫画，但老师、家长会极力推荐经典名著，这时该怎么办？应如何处理这种"矛盾"？

答！ 如果家长挑的书孩子都不爱看，那说明家长不会挑书，或者家长没有真正在家庭进行有效的亲子阅读。不然的话，家长不可能不知道一些基本的阅读常识，也不可能和孩子在买书上有激烈的冲突。不过，家长希望孩子多读文字书，但孩子喜欢读一些漫画书，这是可以理解的。家长应该允许孩子买一些好玩的漫画书。当然，读漫画不是主要的，不能让孩子天天只读漫画书。有些家长动不动就要孩子读经典名著，尤其是动不动就让孩子背唐诗宋词，这也是不必要的。

问 一些家长会买畅销书或跟着排行榜来买书。您怎么看待这个问题？

答 一般来说，我不赞成家长给孩子买畅销书或者排行榜上的书。第一，如果家长非常相信畅销书和排行榜，说明他还没有自主阅读能力，他的阅读是缺乏判断的，他的思维是跟着媒体或者别人的宣传走的。第二，如果家长按照畅销书和排行榜来给孩子买书，那么，很容易让孩子养成流行阅读的趣味。因为畅销书和排行榜上的书主要是流行的图书，而流行的图书总是会变的。建议家长多关注真正意义上的经典。世界儿童文学里有很多经典，中国儿童文学里也有很多优质童书，何必要跟着畅销书和排行榜来阅读呢？

> **推开语文之门：**
> **语文教育小论**

问 有一种观点，每个时代的人都有时代烙印，反映在读书上尤其如此，比如金庸、古龙、梁羽生的武侠小说就是一代人的精神食粮，也有一代人深受言情小说的影响，随着网络的兴起和发达，玄幻、穿越等类型的小说比较受青少年读者的追捧。面对这种事实，您认为家长应该持有怎样的态度？为什么？

答 和前面的畅销书一样，武侠小说、言情小说都是大众读物，每一个时代都有一时畅销和流行的读物，对青少年来说，这是无法回避的。但家长在允许孩子读这些图书（当然家长也难以阻止孩子读这些书）时，一定要注意培养孩子纯正的阅读趣味，尽可能地把孩子引领进文学经典的殿堂。童年时品尝到了经典之美，长大了，即使流行文化五彩缤纷，令人眼花缭乱，孩子也不会迷失，他会选择最适合自己的优质文字。可以说，流行阅读不可能取代经典阅读。

问 儿童阅读存在这样一种现象，"图"所占的比例越来越大，从绘本到动漫，儿童课外阅读应该是"读图"还是"读文"？或是兼而有之？为什么？（提示：近年来，绘

附录
与语文教育相关的问答

本阅读的推广非常火爆，它在亲子阅读中占了很大比例，有许多妈妈自己也喜欢阅读绘本。可实际上绘本的作用真的有那么大吗？绘本能满足6岁以下孩子的阅读需求吗？或者说，看绘本，能算得上真正的阅读吗？）

答！ 阅读当然主要是读文。不读文字书，不是真正意义上的阅读。建议家长给孩子读书，以读文为主，读图为辅。现在社会上很多人在推广绘本，但要注意绘本不过是童书的一种，不是全部。如果最初的阅读只是读绘本，那么就可能患阅读"偏食症"。绘本再好，也是一种。就像给孩子吃食物，即使再有营养的食品，也不能只给孩子吃这一种食物，它无法满足孩子健康成长的需要。除了绘本外，家长还要让孩子读其他优质的童书，告诉孩子，书的世界是五彩缤纷、丰富多彩的，走进去，就能感受到文字的魅力——文字能够给人一个又一个美好的空间，而且每一本好书，都是一个独特的文字世界。

问？ 有人评价"现在的孩子十分现实"，反映在阅读上，意思是说孩子们对童话不感兴趣了。儿童阅读童话还有必要吗？现在童话创作中有哪些问题有待改善？（提示：可

按照国内国外对比来谈）

答 童话是幻想的，但童话里写的公主、王子的故事，其实都是现实生活的折射。可以说，童话是用幻想的方式给现实照镜子。阅读童话，不仅仅张扬想象力，满足孩子的心理需要，而且还能丰富其人格，让其受到启迪。在童年阶段，孩子需要童话，优秀的童话也能点亮和启示童心。不过，现在国内童话作家水平还有待提高。比如说，国内很多童话其实是对国外童话的模仿，最主要的问题，是带着鲜明的成人思维，带着说教。

问 有一个统计数据说，现在孩子们课外阅读最多的，就是优秀作文集，甚至在不少家长、孩子心中形成了"优秀作文集就是课外阅读"的错误观念。您怎么看待这种现象？

答 孩子们大量购买作文集，主要是学校里语文老师很重视孩子作文能力的提高，但他们简单地以为读"优秀作文集"，就能提高作文能力。其实，作文能力的提高主要是靠课外阅读，孩子读的书多，读的又是好书，文字组织能力一定差不了。此外，也不能忽视很多家长的"功利阅读观",有些家长给孩子买书,不是为了提高孩子的阅读能力,而是为了孩子的考试和分数。部分家长认为孩子多读"优秀作文集",就能模仿写作,找到作文的窍门。当然,在孩子喜爱阅读,也喜欢读好书的情况下,适当地让孩子读一读作文书,也有一些参考作用。

问:有家长反映,不少孩子读书囫囵吞枣,粗粗浏览。很少有孩子做读书笔记,有时就算做了笔记,也无非是摘几个好句、几个好词。课外阅读中,孩子要不要做读书笔记?如果要,这个读书笔记该怎样来做?

答:我最反对语文老师和家长让孩子读书的时候摘抄好词好句。不少语文老师和家长之所以这样做,是因为他们觉得这样可以提高作文水平。其实,读书最需要的是动脑筋,体味文字之美妙,进入情境,想象和思考。如果读书只是摘抄好词好句,那么一本好书就给浪费了。好比一块好的肉,你拿到手,只啃了点皮毛,而没尝到肉味,更没有吸收肉里的营养。一般来说,读了好书,进入了书的境界,即使不做笔记,也会收获多多。不过,有时候,读书时做点笔记,是很好的。比如说,当你受到启发,产生思想的火花，你想记录下来，是非常必要的。如果你养成了读好书的习惯，而且很爱读书，也有一些空闲时间可以支配，就可以写读后感。

问 小学高年级及以上的孩子，可能会对家长阅读的书有兴趣，但这些书未必适合孩子阅读，出现这种情况，该怎么办？

答 如果孩子对家长爱读的书产生了兴趣，至少说明孩子的阅读能力提高了，而且能够读懂家长读的书。不过，家长读的书，有些内容可能不太适合孩子，这就需要家长回避，尽可能地不要让孩子读到这类书。如果家长读的书很好，只是难度大一些，或者内容丰富一些，一般都是可以让孩子读的。总而言之，孩子对家长读的书产生了兴趣，不要过分惊慌，也不要刻意阻止。

问 阅读属于身体相对静态的一种活动，而且阅读也需要专注，但是现在有不少童书，设计得很花哨，倡导让孩子边看边玩。边看边玩书能真正开发孩子的阅读兴趣吗？会不会造成孩子无法专注，实际上更不利于良好阅读习惯的养成？

答：像那些翻翻书、音乐书和其他玩具书，其实本质就是玩具，而不是图书。在幼儿时期，买一些玩具书给孩子玩，让孩子对书有一些感性的认识，享受故事的乐趣，这是可以的。但玩具书不是主流读物，就像吃饭，玩具书不能做主食。孩子阅读习惯的养成，一定要多给孩子读文字书，而且是优质的文字书。

虚心向孩子学习

——答《宁波日报》记者采访

附录
与语文教育相关的问答

问 对一个人来说,阅读习惯的形成不是一朝一夕的事情,我觉得家庭教育尤其重要,您觉得呢?

答 没错。家庭阅读很重要。现在很多家庭,父母不爱读书,却希望孩子读书;父母不爱学习,却希望孩子成绩出色。为了孩子的健康成长,父母除了给孩子提供充分的物质条件外,还要给孩子精神的陪伴与引领。因此,家庭亲子阅读需要大力提倡。父母不但要给孩子多买好书,多买适合孩子阅读的优质童书,还要尽可能地陪孩子读书。孩子阅读习惯的养成,需要父母做出榜样,也需要父母自我学习。

问 当前中国儿童,在家庭教育及学校教育的双重滋养下,应形成怎样的阅读习惯?

答 我觉得好的阅读习惯,包括几个方面:一是爱读书,即孩子喜欢读书,愿意亲近文字,而且信任文字,对书本有一种迷恋。二是读好书,读适合他们的好书。这主要是优秀的儿童文学图书,尤其是世界经典的儿童文学著作。三是会读书。孩子读了好书,自然会提高阅读能力,也知道怎么读不同形式、不同内容的童书。具体来说,好的阅读习惯，就是孩子每天都离不开好书，爱读书，就像爱吃美食一样。不过，要让孩子形成良好的阅读习惯，需要父母言传身教，需要学校教育重视。

问 您曾说过，您女儿读了五六遍《窗边的小豆豆》，说这本书写的是她"想要的生活"，却认为风靡全国的"马小跳"只是"假装理解我们的生活"。您明白女儿的意思吗？

答 我理解她的意思。她说《窗边的小豆豆》写的是她想要的生活，说明这本书写的孩子的生活很真实，而且也给孩子理想和希望。因此，这本书是有精神引领性的。但"马小跳"对我女儿没有吸引力，可能就是因为它只是简单地讲故事。建议家长和语文教师给孩子选书、读书时，要尽可能地选择语言纯正、内容丰富的优秀儿童文学作品。而且阅读要讲科学，不要只让孩子读某一类童书，应该选择各种优质童书给孩子阅读。

问 真正优秀的儿童文学，应具备哪几方面的特质？它与成长、人生的关系应是怎样的？

答 以我的看法，儿童文学要受到孩子的喜爱，第一要尽可能地用儿童视角来观察，来思考，来表现，来呈现。孩子眼里的世界总是美好的、纯净的，孩子即使有时候看到了世界的可怕，但依然对世界怀有希望和梦想。因此，创作儿童文学作品，一定要把孩子的世界，尤其是孩子的思维、孩子的心灵和他们的想象力，展现出来。从某种程度上说，儿童文学是孩子看待世界的一种方式，也是作家理解孩子的方式。第二要尽可能地表现孩子的生活。孩子的生活有两个方面：一是他们身处的现实世界，二是他们想象中的世界，或者他们希望自己所处的生活。孩子现实的生活，有很多层面，比如说，他的家庭生活、学校生活、社区生活，还有人际交往，等等。孩子的想象中的世界，包括他的梦想、他的幻想、他的很多思考。如果作家不能把孩子的生活写好，就不可能得到孩子的认可。

问 《爱丽丝漫游奇境》、安徒生童话等经典作品万世流芳，原因何在？

答 我觉得《爱丽丝漫游奇境》、安徒生童话等经典之所以广受孩子们喜爱，主要原因是，第一它们张扬了孩子的想象，让孩子找到了另一个世界，而这个世界是孩子很快

· 229 ·

推开语文之门：
语文教育小论

乐，也能满足好奇心的世界。第二是这些作品里不但有文学的基本品质，也展现了爱、同情、悲悯、坚强与毅力等人的美好品质，对人的心灵具有洗礼的作用。

问： 你创作的《童年再现与儿童文学重构》曾获鲁迅文学奖，探讨电子媒介时代的童年及童年文学，有人觉得电子媒介挟持了儿童文学，让它变得世俗、苍白，您觉得呢？

答： 这种说法有些道理。其实，电子媒介何止是挟持了儿童文学，它对整个文学都产生了很大影响。有了电子媒介，文学创作、出版、阅读与传播的环境与方式都发生了变化，文学不再是神圣的世界，传统的文学创作与传播面临越来越多的挑战。比如说，现在文学期刊订阅量大幅下降，为何如此？一是电子媒介出来以后，资讯发达而且传播快捷，人们不再依赖传统的纸质书刊传达文学信息。二是有了网站、博客和微博等，普通人也能随时发表自己的作品，不再需要进入文学圈或者得到相关协会的认可。

问： 您曾说：孩子永远比我们成年人智慧与善良，我们每一个成年人都应虚心向孩子学习。那我们该向孩子们学习什么呢？

答 孩子本来就很智慧，只是我们成年人通常视而不见。孩子的精神世界里有很多好的品质，比如说，孩子的爱是很纯净的，没有功利心的。比如说，孩子比我们更加宽容。比如说，孩子比我们更能认识事物的本质。和孩子在一起，经常和他们交流，会发现他们身上有很多闪亮的地方，有很美好的质地。安徒生的《皇帝的新装》就告诉我们，即使成年人都撒谎，都无知，都自欺欺人，世界也不可怕，因为还有孩子，他不会撒谎，他说的是真话。这个世界有孩子，就有希望。

爱，点亮了阅读之路
——记"中国儿童阅读提升计划"首席专家谭旭东

周 思

2011年8月，"西部教育论坛"在成都举办，北师大附属学校平台在论坛上举行了"中国儿童阅读研究中心"揭牌仪式，谭旭东被聘为中心主任和平台语文教育顾问。时任北师大副校长董奇亲自授牌，谭旭东从董校长手中接过了红红的聘书。

捧着这沉甸甸的聘书，谭旭东仿佛回到了博士毕业典礼上，那一次，也是董校长给他戴博士帽，给他授予博士学位证书。这一次，谭旭东又和董校长握手。这是一次偶然，却是一个新的起点。

成立"中国儿童阅读研究中心"，不是为了挂一块牌

附录
与语文教育相关的问答

子。北师大国内合作办学部主任屈浩对这个中心充满期待，它的定位很准，就是要做成一个提高学校语文教育质量，打造校园阅读文化的教育咨询和指导机构。改变语文课，改良儿童阅读环境，让更多的孩子爱上语文，享受阅读的快乐，这多么值得努力！

　　说实在话，刚开始时，谭旭东也很困惑。但他知道，"中国儿童阅读研究中心"成立了，就得做实事，不能吹牛皮。但怎么做呢？他在文艺理论研究界影响很大，是国内一流的儿童文学作家和理论家，获得过第五届鲁迅文学奖。但如何做好语文教育，尤其是如何以阅读来提升语文教育，对他可是一个崭新的课题。

　　于是，谭旭东虚心向老专家们请教，决定选编"中国儿童阅读提升计划"丛书。这套丛书，针对小学生，按照阅读的阶梯性，每个学期一册，整个小学六年级一共12册。在选编时，为了保证质量，他到附属学校调研，邀请了专家指导并参与选编，也邀请了附属学校的一些语文老师来参与选编，同时，他还带领同事做好这套书的资料收集和编务工作。经过一年的努力，"中国儿童阅读提升计划"这套书由光明日报出版社出版了。

　　2013年4月，"中国儿童阅读提升计划"丛书首发式

· 233 ·

暨儿童阅读研讨会在北师大奥林匹克花园实验小学召开，拉开了"中国儿童阅读提升计划"项目开展的序幕。

从那一天起，谭旭东和项目组的专家徐向东、白玉玲、朱传世、吴昕歆等，还有项目组的田莹、周思等，开始在附属学校和项目实验校播撒儿童阅读的种子，传播新的语文教育理念，指导附属学校开展实效性语文课堂教学，开展全新的阅读课，同时，和各地的语文老师、家长进行面对面的交流。

为了做好项目，当好顾问，谭旭东买来了人教版、苏教版、北师大版语文教材，认真钻研，去学校听课、讲课，对教材教法和学校情况越来越熟悉。项目开展越来越顺利，受到了广大学校、家长和孩子们的欢迎。

谭旭东和项目组走遍了大江南北，先后到北师大奥林匹克花园实验学校、大兴附小、朝阳附小、亚太实验学校、鄂尔多斯附属学校、乌海附属学校、株洲附属学校、贵阳附小、朝阳附中、青岛附属学校、大连附属学校和福清附属学校等。同时，项目组还先后在广州萝岗区、福建福清市、洛阳市洛龙区和唐山市曹妃甸区等扎根落户。

每到一所学校，谭旭东给老师们做讲座，讲对语文课和阅读的基本认识，讲授诗歌、童话，讲如何培养学生讲故事的能力，讲如何提升作文教学……他给家长讲家庭阅读环境的打造，讲如何指导孩子的学习，如何与学校互动，如何掌握好亲子阅读的方法。家长很喜欢，认为很有益。他还给孩子们做讲座，带孩子们一起读童诗，读童话，讲自己的文学成长之路，亲切，生动，受到孩子们喜爱。

为了凝聚附属学校平台，他还尝试以项目来提升附属学校的文化向心力。他联合北师大奥林匹克花园实验小学、朝阳附小、亚太实验学校等，一起开展儿童阅读论坛、绘本教学论坛、传统文化阅读论坛、儿童诗歌教学论坛、图书馆建设论坛和阅读之力论坛等多项儿童阅读提升计划活动。其中，在亚太实验学校先后开展了诗歌教学研讨活动、童话教学研讨活动和传统文化阅读研讨活动，影响大，参与面广，不但辐射到了附属学校，辐射到了实验学校，还辐射到了北京和全国各地200多所学校。

2015年6月，"中国儿童阅读提升计划"在广州萝岗区教育局的支持下，在萝峰小学举办了首届中国校园童话节，有童话名家论坛、童话教学论坛、童话公开课展示、童话剧表演，还有针对孩子们的系列讲座。此次活动吸引了500多名来自全国各地的一线语文老师，《中国教育报》《光明日报》《中华读书报》和《南方教育时报》等纷纷报道，是一次比较成功的项目活动。

项目开展以来，加入的学校越来越多，效果越来越好。专家团队建设也日益成熟，有了一支来自语文教育研究、语文教学一线和儿童文学创作界的强有力的专家队伍。

语文教育教学需要新的理念和方法，老师和孩子们也需要真正接地气的语文教育。"中国儿童阅读提升计划"项目提升了教师的语文素养，也改变了校园的阅读环境。

谭旭东认为，有效的语文课堂要有爱，更要有教育的智慧。没有爱和智慧，语文课就很难承担起母语传承的使命。

谭旭东和项目组的专家们用爱点亮了孩子们的阅读之路，也用智慧为语文教育开辟了新的方向。

因为执着于语文教育，倾心于儿童阅读，谭旭东被评选为北师大基础教育三十年"十大感动人物"，与著名教育家顾明远教授一道登上了领奖台。手捧荣誉奖杯，谭旭东谦虚地说："阅读之路，还要继续走下去！"

一书在手，作文必通
——读谭旭东的《作文课：让创意改变作文》

高旸

作文难，这是绝大部分中小学生语文学习的问题。如何教作文，也是几乎所有语文老师的难题。读了中国人民大学出版社出版的谭旭东的《作文课：让创意改变作文》一书，觉得作文的难题迎刃而解。

这是一本指导中小学生如何写作的好书，它结合当前中小学生写作的难点、语文作文教学的现状及家庭语文教育的困惑，作了深入浅出的解答与分析，不但提出了"写作就是未来"的观点，还给出了系列具体的方法。这本书，是创意语文的优秀之作，也是难得的实用的、地图似的写作指导书。

说起谭旭东，不少读者都熟悉。他是上海大学文学院创意写作教授、博士生导师，主要研究儿童文学、童书出版与创意写作。著有《童年再现与儿童文学重构》《儿童文学概论》《读写童年》等。这些创作的经历，使他无论是在儿童文学研究领域，还是在创意写作领域，都游刃有余，佳作频出。

值得注意的是，谭旭东还是优秀的研究生导师，培养了50多位儿童文学、创意写作和语文教育的硕士、博士和博士后，他的研究生中有多位在上海、苏州、广州等地任教，可谓桃李满园。

一直以来，谭旭东老师都在关注语文教育和作文教学，常到中小学讲作文教学、亲子阅读，这些都为《作文课：让创意改变作文》的出版奠定了基础。

本书主要包括"作文31课""优秀作文例读""爸爸的作文""女儿的作文"4个篇章，浅显易懂，实用、易操作的主线贯穿始终。

第一篇章的"作文31课"，注意从多方面启发学生的作文思维，并有针对性地提出具体有效的写作方法。如，怎样培养写作兴趣、写好作文的注意事项、怎么突破"流水账"、材料作文怎么写等，解决了当下学生、老师和家长最头疼的作文问题。谭旭东老师并不仅仅着眼于考试作文，还拓宽视野，告诉学生如何学写诗、如何快速学会写故事，并在本篇的最后一课里提到"成为小作家的几个条件"，足见他对写作的重视、对孩子们的殷切希望。第二篇章的"优秀作文例读"，展示了不同年龄段孩子的文章，有成长类作文、小说、童诗、童话、读后感、游记等，为读者呈现了一个立体多维的作文世界。第三和第四篇章，分别是谭旭东和女儿的习作，家长和孩子一起写作文，两代人通过文字交流，不仅能相互促进，而且在彼此的记忆世界里感受到了暖暖的温度，对和谐亲子关系的构建与巩固有巨大作用。

与同类书相比，这本书特色十足，令人回味无穷，主要体现在以下几点：

第一，语言凝练，一针见血地指出当今作文教学乃至语文教学的问题，作文指导实用有效。

莎士比亚说过"简洁是智慧的灵魂"，谭旭东老师无论是写童诗，还是童话，语言都简练得当，这一写作风格也在本书中体现。简练的词汇，有利于准确的表达，更有利于一针见血地指出当今关于写作的问题。阅读与写作一直是语文教学中的两座大山，对于孩子而言，不易翻越；对于语文老师来说，也难以给学生助力，或者收效甚微，而写作则是最难爬的那座大山。那么，爬山的阻碍有哪些？谭旭东给出了答案：学生泛泛而读，过分依赖作文书，缺少经典阅读；老师和家长对刚开始学习写作的小学生期望过高，没考虑到年龄的差异；面对孩子所写的"流水账"，不知所措；小学低年级的语文老师一味让孩子读拼音写词语，忽视了语文最关键的一个环节，也就是如何用词、如何组装文字；学生缺少坚持写的毅力，惰性较大，同时也缺乏写作信心……指出问题后，又一一给出解决的方法和途径，实用且行之有效。从这一点来说，《作文课：让创意改变作文》给孩子们绘制了一幅"实用"的写作地图，让他们顺利到达写作的彼岸。

第二，弱化写作的功利性，结合儿童文学，引导学生学用多种文体，真诚质朴地表达。

谭旭东老师在书中提到，"写作在某种程度上，就是在向美的文字致敬"。反观当今教育，绝大部分学生把写作文等同于写作，很多语文老师平日布置的写作任务，也都是围绕考试要求而布置，在应试教育的大环境下，也是无奈之举，无形中强化了写作的功利性。"写作100个技巧""满分作文技巧"等字眼蹦出。重技巧，轻感受，也是当今学生写作的一大不足。

附录
与语文教育相关的问答

　　列夫·托尔斯泰曾说，"一切作品要写得好，它就应当是从作者的心灵里歌唱出来的"。写作应是动情且快乐的事儿。相对于千篇一律的作文体，谭旭东认为个性化作文才是作文的方向，缺失了个性，作文只是一种模仿和复制。写个性化作文，就是写自己的话，不是用很多修辞、华丽的辞藻，也不是只写作文体。

　　多年来，谭旭东研究儿童文学，出版了许多童诗集、童话集，从这个角度说，他是一位永葆童心的语文教育研究者。他在书中点明了写诗、写童话的重要性，鼓励孩子尝试多种文体写作，也给出了好作文的标准：立足于自己的生活经验和感受，用质朴的文字写出来。这一点足以证明，谭旭东老师考虑到学生的个体差异和生命活力，是真正以儿童为本位，为孩子、为教育的学者。

　　第三，凸显创意在写作中的重要性。

　　谭旭东十分关注创意在写作中的重要性，主张让创意变成习惯。是的，只有习惯创意，才能进行"个性化作文"的写作。这本书也提到了创意写作的方法：想象时要把事实逻辑和审美逻辑相结合；塑造形象时要有创意。他还举了五四时期儿童诗《弯月》的例子，具体可感，便于读者理解。

第四，结合时事热点，对中高考作文及各类作文比赛的题目进行分析，极具前瞻性。

果戈里说过，"一切都应取自于生活，而不是用无谓的幻想臆造出来"；白居易也曾发出"文章合为时而著，歌诗合为事而作"的感慨。本书的一大亮点是，结合时事热点，分析作文题目及材料，真正让写作"既能脚踏实地，又能仰望星空"，这一点给作文教学的实施者以启迪。

写作是美的艺术，是星辰大海，明亮而永恒，在谭旭东老师写作课这份实用地图的指引下，学生、老师、家长泛起小舟启程，只为把心中美好的涟漪绘成花……